AF571389

Je voudrais que son nom apparaisse partout

Une enfant au cœur du génocide

« Portrait d'Alice Deichmann lisant », August Rumm, 1929
© Marion Deichmann

5-7, rue de l'École-Polytechnique, 75005 Paris

http://www.librairieharmattan.com
diffusion.harmattan@wanadoo.fr
harmattan1@wanadoo.fr

ISBN : 978-2-336-00218-7
EAN : 9782336002187

Marion Deichmann

Je voudrais que son nom apparaisse partout

Une enfant au cœur du génocide

Mes remerciements à Rémy F., ma première écoute. Il traça le chemin à suivre. Également à Dorothée R., mon amie valaisanne de toujours ! Elle eut la patience de déchiffrer les premiers chapitres.

Enfin, ce livre n'aurait pas vu le jour sans Stéphane Levy, maïeuticienne magique et relectrice active. La première éditrice.

Sommaire

I - Introduction

À mes enfants, à mes petits-enfants

Voici venu le temps où je peux écrire mon histoire. Le temps où je peux parler de ma mère. Il y a si longtemps qu'elle est partie… C'était en 1942, c'était la Seconde guerre mondiale, ces années où la planète était à feu et à sang. Je voudrais vous transmettre l'intangible, un monde qui n'existe plus, qui fut détruit par la guerre.

Pour m'exprimer, je choisis le français, la langue de la raison, de mon âge de raison ! L'allemand est la langue de la haine, la langue dans laquelle l'on crie et l'on tue. Juives allemandes pourchassées. Et pourtant, je n'ai parlé qu'allemand avec ma mère, sauf en public en France lorsqu'il ne fallait pas trahir ses origines, qu'il fallait cacher son identité. Alors nous parlions en français récemment acquis. J'appelais ma mère « *mutti* » ou « *mama* », cela dépendait des occasions et du contexte. Au fond, les deux langues se confondent dans ma mémoire. Seuls, imprimés au fond de mon âme, subsistent l'image de son visage, sa façon de se mouvoir, les couleurs de ses vêtements. Elle était à la fois mère, père, pays, ancre. Un jour d'été, tout fut emporté et c'est un autre monde dans lequel il m'a fallu grandir.

Devant mes yeux d'enfant, elle s'est faite emmener un matin. Puis ce fut un train, un convoi parti de Drancy, puis le camp d'extermination d'Auschwitz, puis, puis, puis… Une chambre à gaz, un brasier et des cendres mêlées à des tonnes d'autres. Elle et pas moi, pourquoi ?

C'est un abîme qui me sépare de ma mère, creusé par les méfaits de l'« humanité ». Un abîme sans fond sur lequel, progressivement, il m'a fallu construire un pont pour vivre.

Sans vraiment savoir pourquoi. Solitude habitée par ma mère. La mémoire est ce qui demeure, mais ce sont les sentiments éprouvés qui donnent les clés de l'apprentissage et du cheminement personnel.

Les recherches sur la mort de ma mère ne m'ont été possibles que soixante ans après les faits. Il n'y a pas si longtemps, j'ai osé écrire à Auschwitz pour demander un certificat de décès. La réponse que je reçus de Pologne fut comme une seconde mort : une fois arrivée dans le camp, ma mère ne fut ni immatriculée, ni tatouée. Elle fut étouffée par une inhalation du gaz, puis avalée par les flammes. Elle faisait partie des êtres qui ne méritaient plus de vivre aux yeux des démons de la mort industrialisée. Je ne pourrai peut-être jamais faire le deuil de ma mère. Ceci est son tombeau.

II - Prologue

Je suis Syrien, quoi d'étonnant ?
Étranger, l'homme n'a qu'une seule patrie
Le monde est sa demeure
Un seul chaos a enfanté tous les mortels

Méléagre, poète et philosophe
grec IIème s. avant J.-C.

Devenir citoyenne du monde

En 2010 eut lieu en France un débat sur l'identité nationale, sur les recommandations du « ministère de l'immigration ». Une circulaire est envoyée à toutes les préfectures. « Qu'est-ce qu'un vrai Français ? » Ceci me rappelle de bien sinistres moments.

Je suis née en Allemagne le 18 novembre 1932. Hitler accédait au pouvoir le 30 janvier 1933. J'avais à peine deux ans lorsque furent promulguées les lois raciales du IIIème reich, le 15 septembre 1935. Tous les juifs allemands furent déchus de leur nationalité. Nous devenions des apatrides. J'ai ainsi vécu sans nationalité. J'étais « réfugiée en provenance d'Allemagne ». C'est en tant que telle que j'ai vécu au Luxembourg, en France puis aux États-Unis. Je fus finalement naturalisée Américaine en 1961. Ce fut une grande cérémonie et cela m'a procuré un sentiment de sécurité. Cela facilita aussi les démarches administratives !

Être apatride attirait tous les soupçons du monde extérieur. Au fond de moi, cela ne m'a pas gênée… Je me suis toujours sentie « hors les murs » ! J'ai vécu en France si longtemps, notamment pendant la période cruciale de mon développement. Je m'identifie à la culture française. Cependant, je suis bien un mélange de cultures : allemande, française et américaine, sur fond de judéité historique familiale. Je suis Allemande de naissance, Française de cœur, passionnée de démocratie à l'américaine, mais sans dieu... Et juive pour les autres... Quel drôle d'amalgame !

Les lois raciales firent de moi une juive chassée de son pays. Mais, n'ayant reçu aucune éducation religieuse, le fait de porter l'étoile jaune ne signifiait pas pour moi que j'appartenais à un groupe différent des autres. Être forcée de porter un signe distinctif signifiait être exclue, humiliée, mais surtout être en danger de mort, traquée comme un animal. J'ai vécu dans l'angoisse pendant cinq longues années.

L'anéantissement des juifs en Europe au XXème siècle n'eut pas son pareil. Et pourtant, c'est en Allemagne que, depuis le XVIIIème siècle, les juifs pouvaient vraiment être « juifs et Allemands ». Les deux appartenances n'étaient pas mutuellement exclusives.

Les philosophes des Lumières, en particulier Moses Mendelsohn (1729-1786), ouvrirent la voie à la contestation de l'obscurantisme des religions, notamment la religion juive. Auparavant, il y avait eu Spinoza, grand philosophe exclu de la communauté juive. Il maintenait que la haine que les juifs suscitaient était en partie due à leur attachement aux rites. Cette haine remontait selon lui à l'avènement du christianisme à Rome, car non seulement ils ne voulaient pas reconnaître le Christ comme dieu, mais ils pratiquaient des coutumes qui semblaient impénétrables aux chrétiens. La minorité juive était accrochée à ses croyances et les chrétiens la ressentaient comme une menace.

J'ai toujours pensé que, malgré leur intégration plus tard, les juifs religieux s'isolaient eux-mêmes des autres pour former des communautés - ce que l'on appelle aujourd'hui communautarisme. En même temps, je comprends qu'ils aient trouvé cette évolution catholique inacceptable et n'aient pas pu se convertir. Combien cela doit être difficile - sinon impossible - pour les juifs religieux d'accepter le Christ comme messie ! Il s'agit de deux mondes, le protestantisme se trouvant selon moi entre les deux.

C'est en France, après la Révolution, que Louis XVI - qui était favorable à l'émancipation des juifs -, ratifia la loi les déclarant citoyens français. Les juifs devinrent, de par la loi, des citoyens à part entière en 1791.

Dans une Allemagne morcelée en petits États autonomes, les juifs ne bénéficiaient pas encore de droits civiques. Cela vint très tardivement, en 1871, après la réalisation de l'unité allemande. C'est à cette période que commença à se déployer l'antisémitisme allemand, que l'on parla des « aryens » et des « sémites ». Il y eut en France comme en Allemagne une montée de propagande antisémite virulente dont les effets se prolongèrent et se développèrent avec véhémence au XXème siècle. On cherchait à théoriser le fondement des « races ».

Alors que la très grande majorité des juifs allemands était assimilée à la culture allemande. Pour preuve, les mariages mixtes, comme celui de mes arrière-grands-parents, et par la suite de leurs enfants, étaient fréquents au XIXème siècle. Mon grand-père, Isidore Aron, était religieux, mais se considérait Allemand avant tout, et juif de religion.

À la création du parti nazi en 1920, la plupart des juifs ainsi que des autres Allemands pensèrent que le parti des chemises brunes ne pouvait pas durer. Mais l'antisémitisme grandissait et se retrouvait sous différentes formes : biologique, raciale (exacerbé par les thèses du XIXème siècle) et nationaliste. Les écrits de Darwin étaient déformés et utilisés à des fins racistes, et seuls les juifs étaient visés. Les écrits publiés voulaient démontrer que la « race » juive était inférieure dans ses caractéristiques physiques. Hitler n'avait qu'à prendre le pouvoir, tout était prêt pour qu'il mène son plan…

En ce qui me concerne, je suis une juive de la diaspora, et j'ai également quelques racines non juives, protestantes. Ceci a surtout une importance historique et généalogique pour moi. Je suis universaliste et athée. Homo sapiens occidentale.

Après avoir été initiée au catholicisme pendant la guerre, je suis devenue athée à l'âge de 13 ans, en 1946. Je me souviens : j'étais en cinquième, et mes amies et moi-même discutions des religions, de dieu et de son existence. Beaucoup étaient croyantes, mais pas très pratiquantes. Quelques-unes étaient non croyantes, et c'était à leurs idées que je me ralliais. Je n'étais pas vraiment une dissidente, mais je me sentais mieux sans une religion et son dieu. Une apatride athée ne pouvait plus être exclue d'un particularisme. J'avais une identité plus vaste, au-delà des religions et des petites et grandes nations ! Je pourrais m'intégrer dans la société dans laquelle je choisirais de vivre.

C'est l'Histoire et mon histoire qui me rattachent au peuple juif, pas la croyance. C'est la souffrance éprouvée dans ma chair, c'est la mémoire collective qui me rattache au peuple juif, et non les rites. À une époque, être juif signifiait la mort. Ma mère fut assassinée pour le simple fait qu'elle était juive.

III - Histoire familiale : généalogie des Aron

La famille Aron était établie dans la Sarre depuis des siècles. Pour ce qui concerne la période avant 1750, il faut connaître l'hébreu pour relever et lire les textes sur les pierres tombales, s'il en reste. On a retrouvé la trace de Moses Aron, né en 1756 à une trentaine de kilomètres de Homburg, à Steinbach am Glan, et mort à Homburg en 1800.

Arrivée au Moyen âge, la famille avait eu la permission de s'établir à Steinbach, un village à environ 30 km de Homburg. Elle vivait sans doute dans le ghetto, une ville dans la ville. La plupart des juifs étaient pauvres et devaient payer d'énormes impôts. Ils n'avaient pas le droit d'exercer une profession libérale. La possession de la terre leur était interdite. Ils étaient donc principalement colporteurs, marchands de bestiaux et de produits agricoles. Parmi les juifs protégés de Homburg en 1790, se trouvaient notamment un acteur, un musicien, un marchand de chevaux, un aubergiste, un rabbin, un instituteur et un désinsectiseur.

La famille Aron survivait au bon gré de la classe dirigeante ou de l'Église, qui les expulsaient ou les tuaient lorsqu'elles avaient besoin de boucs émissaires. Les juifs furent protégés dans certaines villes-États princiers. Puis à nouveau chassés. Une très grande communauté existait à Fürth en Bavière depuis le XVIème siècle, sous la protection du gouvernement princier. Mais leur présence avait été interdite à Nürnberg. La famille Bock - du côté de ma grand-mère - est originaire de cette région.

Au cours des siècles suivants, l'essor des croyances nazies fut tel que, plus les juifs se sentaient Allemands, plus montaient l'hostilité, l'antisémitisme et la ségrégation à leur encontre. Depuis la moitié du XIXème siècle, la plupart des juifs allemands se considéraient Allemands d'abord, et juifs de religion. Et ce, même les juifs religieux comme mon grand-père. Quelque 523 000 juifs vivaient en Allemagne en janvier 1933, soit à peine 1% de la population allemande. Quatre-vingt pour cent de ceux-ci avaient leurs racines en Allemagne. Les autres venaient de l'étranger.

À la fin du XIXème siècle surgirent des écrits virulents contre les juifs. L'expression 'antisémitisme' est allemande : « *antisemitismus* ». Cette période représenta le summum des persécutions, des pogroms, de l'enseignement anti-judaïque...qui mena un peu plus tard une partie de l'espèce humaine aux ténèbres.

Hitler était possédé par la haine des juifs. Comme tant d'autres dans son entourage, il était d'un racisme incommensurable. Dès 1920, à la création du parti nazi, et après le putsch d'Hitler en 1923, la plupart des juifs pensaient que les nazis ne pouvaient durer et encore moins s'installer au pouvoir. Même ceux qui avaient lu Mein Kampf ne croyaient pas à cette force politique. Pour eux, l'arrivée d'Hitler au pouvoir en janvier 1933 n'était qu'un quiproquo de l'Histoire.

Ma famille maternelle était de ceux-là. Nous avons payé cette erreur de jugement un prix humain très élevé. Mais comment pouvaient-ils croire à cette aberration, eux qui avaient combattu pour l'Allemagne aux guerres de 1870 et de 1914 ? Mes arrière-grands-pères et grands-pères avaient tous été décorés !

Lorsque je parlais avec mon père des guerres dans lesquelles les Deichmann avaient combattu, il me racontait souvent que lors d'un défilé nazi dans les rues de Hoya, en 1934, mon arrière-grand-père de 87 ans jeta toutes ses médailles de 1870-71 par la fenêtre. En guise de protestation.

Son fils, Ivan Deichmann, avait combattu à Verdun en 1914-18. Il y reçut la croix d'honneur – « *Ehrenkreuz für Frontkämpfer* » - le 20 avril 1935. Cinq mois avant les lois raciales de Nürnberg et trois ans avant d'être interné à Buchenwald.

37 000 juifs sur les quelque 500 000 du pays quittèrent l'Allemagne dès 1933. La majorité s'installa dans les pays voisins. Après avoir subi des violences dès 1933, tel que le bris de vitres des magasins, les affiches « *N'achetez pas chez les juifs* » et toutes les interdictions de travailler, mes grands-parents quittèrent Karlsruhe. Ils s'installèrent à Saarbrücken en 1934, peu avant que la Sarre ne réintègre l'Allemagne en janvier 1935. En effet, la Sarre était sous mandat de la Société des Nations (cette région était partagée entre l'Allemagne et la France, un peu comme l'Alsace-Lorraine). Elle était allemande avant la première guerre mondiale, c'est pourquoi mon grand-père avait combattu comme Allemand contre l'armée française.

Je ne connus aucun membre de la famille de mon grand-père. Mes grands-parents étaient cousins germains : le père de ma grand-mère, Jakob Bock, était le frère de la mère de mon grand-père, Rosalie Bock. Ils s'étaient rencontrés lors d'un mariage familial à Fürth. Ma grand-mère vivait ceci comme une tare et ne voulait jamais en parler ! Mon arrière-grand-père, Jacob Bock, était né le 10 novembre 1839 à Bechhofen (Bavière). Il était peu pratiquant puisqu'il épousa Elisabeth Wittmann, luthérienne, née dans un village voisin, Krottenbach, le 3 février 1859. Ils eurent treize enfants.

Rosalie Bock, mon arrière-grand-tante et arrière-grand-mère, avait épousé Moses Aron, né le 21 juin 1822 à Homburg. Leur fils aîné, mon grand-père Isidore Aron, naquit dans cette ville le 2 janvier 1875.

Ma grand-mère Bertha Bock, fille de Jacob, naquit le 12 janvier 1880 à München, ville dans laquelle s'était installée la jeune famille Bock. Elle s'établit ensuite à Fürth, ville attenante à Nürnberg. Mon arrière-grand-père avait un négoce de houblon dans ce pays de la bière ! C'est à Fürth que la fratrie grandit. Là qu'ils firent leur scolarité, apprirent un métier, des langues étrangères (ils étaient déjà bilingues de naissance) ou la musique. Ma grand-mère choisit la cithare, à la mode à l'époque. La famille était très unie.

À leur mariage, mes grands-parents vinrent habiter Nürnberg. De cette union naquirent Walter, né en 1901 ou 1902, puis ma mère Alice le 30 juin 1903, oncle Paul le 30 avril 1906 et enfin oncle Martin le 14 août 1907. C'est très peu de temps après cette date que deux affaires commerciales s'offrirent à mon grand-père : l'une était à Karlsruhe et l'autre à Bâle, en Suisse. Il choisit Karlsruhe. La suite montrera qu'il fit le mauvais choix.

À Karlsruhe, le couple choisit un appartement au 55, Kaiserstrasse. Un très bel immeuble en face de l'École polytechnique. Ils y vécurent jusqu'en 1934. Les affaires de mon grand-père étaient florissantes. Sa firme, J. Aron, importait des tissus en lainage d'Angleterre, tels les *Harris tweeds*, mondialement connus.

Mon grand-père était religieux, le seul de toute la famille. Il se considérait bon Allemand, de confession juive. Il devint un homme important au sein de la communauté de Karlsruhe. Il était très tolérant envers les autres, juifs et non juifs. Mais sa religiosité fut un désastre pour ma mère et causa indirectement peut-être sa mort.

Ma grand-mère Bertha suivit son mari dans l'application des règles du judaïsme. Sa cuisine était *casher*, c'est-à-dire organisée selon les règles de l'orthodoxie juive. Pourtant elle n'avait pas vraiment été élevée religieusement. Mon arrière-grand-mère avait gardé ses habitudes protestantes. Il me fut rapporté notamment qu'elle aimait chanter des cantiques luthériens à ses enfants.

Vers 1913, la famille fut frappée par un malheur : la noyade de leur fils Walter dans une piscine au bord du Rhin, à l'âge de 12 ans. Il voulut sauter du grand tremplin lorsqu'un adolescent le poussa, et il eut un arrêt cardiaque.

Ma grand-mère m'en parlait de temps en temps, et je pense souvent à mon grand-père qui accompagnait son fils ce jour-là et dût annoncer la nouvelle à sa femme.

Hormis ce drame, la famille était heureuse à Karlsruhe. Les trois autres enfants y firent leurs études dans les lycées et écoles spécialisées, techniques ou commerciales. En outre, ma mère étudia le piano pendant de longues années et devint une excellente pianiste. Mes oncles Paul et Martin faisaient beaucoup de marche, tennis et ski. Ils appartenaient à des clubs sportifs, comme c'était la coutume en Allemagne au début du XXème siècle. Aux dires de ma grand-mère, ils pratiquèrent aussi le violon, mais l'abandonnèrent vite.

Ma mère fréquentait la communauté artistique de Karlsruhe et de München. À Karlsruhe, la famille connut le peintre August Rumm, qui leur fit une série de paysages, de vues autour de son village, Grötzingen. Et un merveilleux portrait de ma mère, en 1929. Ce grand tableau la dépeint assise, étudiant ses partitions de piano, dans un cadre de ses couleurs préférées. Il m'accompagne de sa présence.

Ma mère jouait du piano pour son entourage. C'est ainsi qu'elle rencontra, vers 1924-1925, M. Edmond Liebisch, architecte. Ils tombèrent amoureux et se fiancèrent officieusement. Pour son plus grand chagrin et malheur, lorsque ma maman en fit part à son père, ce dernier s'opposa à cette union. M. Liebisch n'était pas juif. La seule fille d'un éminent membre de la communauté juive ne pouvait épouser un non juif ! Ma mère se remit-elle de ce chagrin ?

Quelques années après, elle rencontra mon père, Kurt Deichmann, au négoce de mon grand-père où il était employé. Il est difficile d'imaginer deux êtres plus discordants. Quand les frères de ma mère lui demandèrent pourquoi elle l'épousait, voici sa réponse, qui me fut rapportée : « A 29 ans, qui dois-je encore attendre ? » C'était une époque où il était indigne d'être une « vieille fille ». Alors que mes deux oncles, de quelques années plus jeunes que ma mère, se marièrent à un âge « mûr », la quarantaine pour oncle Martin à Londres, et la cinquantaine pour oncle Paul à New York. Sans doute la guerre y était pour quelque chose, mais la domination masculine encore plus !

À mes yeux, et sans doute pour d'autres aussi, le mariage de mes parents le 30 juillet 1931 fut un accord bien calculé. Mon grand-père maternel appréciait le travail que fournissait mon père, et mon grand-père paternel, Ivan Deichmann, était heureux de caser son fils dans une firme connue et établie depuis le début du siècle.

Mes parents se sont installés dans un immeuble faisant l'angle de la Karlstrasse et de la Südenstrasse. C'est là que je suis née dans la nuit du vendredi 18 novembre 1932, six semaines avant l'accession au pouvoir de Hitler.

En 1933, dès l'avènement de Hitler, les restrictions de mouvement et les persécutions des juifs se mirent en place. L'entreprise de mon grand-père fut saccagée. Il ne pouvait plus travailler. À 58 ans, il décida de liquider ses affaires et de retourner dans la Sarre avec sa femme. Cette région était encore sous mandat des Nations Unies. Mes grands-parents allèrent donc habiter Saarbrücken en 1934. Aucun membre des quatre branches de ma famille ne fut sioniste et aucun d'eux n'alla s'installer en Palestine-Israël.

Sources utilisées : La Destruction des juifs d'Europe I, Raul Hilberg, Gallimard, 1985 ; Juden in Homburg, Dieter Blinn, Ermer, 1993.

IV - Petite enfance en Allemagne (1932 - 1934)

Je n'ai pas de souvenirs conscients des premiers mois de ma vie. Mais il y a une chose que l'on m'a racontée. Une photo fut faite à Nürnberg lors d'une visite familiale en octobre 1933. J'avais onze mois. La photographe prit plusieurs poses, dont une assez originale pour l'époque : je suçais mon pouce. Elle décida d'exposer la photo dans la vitrine. Bien mal lui avait pris, car un nazi passant devant la vitrine trouva que j'étais typée juive et lui fit retirer la photo !

Sombre annonce de la façon dont tout un peuple allait basculer dans la folie raciale…

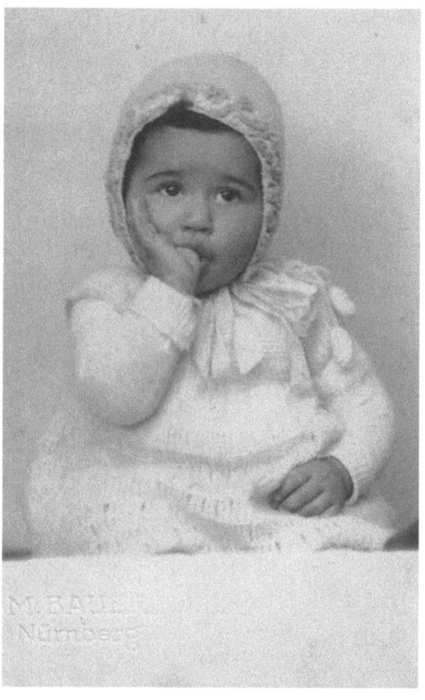

J'ai vécu environ dix-huit mois à Karlsruhe mais, mon père n'y trouvant plus de travail, au printemps 1934 mes parents et moi-même quittâmes l'Allemagne et nous installâmes au Luxembourg. Nous allions cependant souvent en Allemagne voir les parents de maman.

Visites chez mes grands-parents à Saarbrücken (1934 - 1938)

En arrivant à Saarbrücken en 1934, mes grands-parents louèrent un grand appartement, très confortable, au 11, Karcherstrasse. Il devint le centre des réunions familiales.

J'ai beaucoup aimé mes grands-parents maternels, et je crois que ces sentiments étaient réciproques. Jusqu'à mes cinq ans, date de sa mort précoce, Isidore fut le meilleur des grands-pères. Il était plus enjoué que ma grand-mère, certainement à cause de tous les soucis qui pesaient sur elle. Elle a toujours été une seconde mère pour moi, surtout après la mort de ma mère. S'il n'y eut jamais de visite de la famille Aron chez mes grands-parents, ils recevaient très fréquemment la grande fratrie. Mon grand-père avait de fait épousé tout le « clan Bock ».

Mes grands-parents étaient toujours prêts à jouer avec moi. Étant fille unique et leur seule petite-fille - j'ai toujours vécu dans un monde d'adultes -, ils devenaient mes compagnons. Parfois, en me promenant avec grand-père, nous passions devant un magasin de jouets et je pouvais choisir ce qui me ferait plaisir. Si mon souhait ne lui paraissait pas trop déraisonnable, je l'obtenais à l'occasion suivante. Ces précieux cadeaux ont disparu au cours des diverses persécutions, mais le souvenir de leur douceur m'est resté. Nürnberg à cette époque était la capitale mondiale du jouet…

L'appartement des grands-parents offrait toutes les possibilités de me créer un petit monde. La porte s'ouvrait sur une grande entrée, de laquelle partait un large couloir qui desservait toutes les pièces. En face, on entrait dans un grand salon, la salle à manger et un petit salon avec une grande porte coulissante. Les deux frères de ma mère, et surtout les sœurs et la nièce de ma grand-mère, venaient souvent en visite et le petit salon pouvait se transformer en chambre avec lit d'appoint. C'est là que je dormais avec ma mère. Ensuite, il y avait trois chambres à coucher et en particulier celle de mes grands-parents, avec une impressionnante salle de bain en marbre blanc. Cette grande chambre devint aussi un lieu important pour moi, car mon grand-père vint à être alité souvent à cause du cancer qui le rongeait.

Dans le salon il y avait un « *erker* », une avancée sur la façade, un genre de bow-window. Il fallait monter deux marches pour y accéder. Grand-mère y faisait habituellement ses ouvrages manuels mais me laissait « *ma maison* » quand j'étais là, restant « *en bas* » dans le salon. Au mur étaient accrochées d'énormes tapisseries sombres représentant les quatre saisons. J'aurais préféré qu'elles fussent plus colorées ! J'étais très attirée par la grande bibliothèque de mon grand-père. Non pas à cause des livres - ils n'avaient pas d'image - mais à cause de petites portes clapet en verre avec lesquelles je m'amusais. Je dessinais sur des cahiers avec de gros crayons laqués jaunes, vestiges de l'entreprise de Karlsruhe.

Chez mes grands-parents, la vie quotidienne était programmée. Le lundi était jour de lessive et le menu assorti était composé de lentilles et de saucisses. Il y avait jour de marché, le jour où la couturière venait, le soir de théâtre ou de réception et évidemment la veille et le jour du shabbat avec le dimanche, journées de prières et d'excursions. À cause des lois antijuives, mes grands-parents furent contraints de renvoyer leur employée de maison, car il devint interdit pour les juifs d'employer des « aryens ». J'aidais d'autant plus grand-mère à faire la cuisine. Cuisiner *casher* est compliqué. Tout est en double. Il ne faut surtout pas mélanger les laitages aux produits carnés. Or je me suis trompée une fois. J'ai inversé l'usage d'un couteau. J'ai dû ensuite le mettre dans un pot de terre pendant plusieurs jours pour le décontaminer ! Il était aussi coutume de voir venir un pauvre homme manger son assiette de soupe dans la lumineuse cuisine, puis il repartait par la porte.

Grand-mère gardait tous les souvenirs familiaux dans une des pièces. Tous ses trésors, en particulier la cithare. J'essayais de tirer sur les cordes en métal pour en tirer des sons. Hélas, c'est un instrument très difficile à faire vibrer. Mes oncles l'avaient bien abîmée, d'après ma grand-mère ! Dans la famille, ma mère était la seule musicienne accomplie, mais les autres étaient tous très mélomanes. De mon grand-père, je n'ai jamais su s'il appréciait vraiment la musique ou s'il accompagnait seulement ma grand-mère. Il chantait très faux, de cela je me rappelle.

Un jour, vers mes quatre ans, grand-père m'emmena voir le cirque de la ville. Une fois assise, en voyant les animaux et le fouet du dompteur, je n'ai plus voulu assister au spectacle et lui ai demandé de partir. Je pense que mon grand-père a été très déçu. Après cette expérience, je ne suis plus jamais retournée au cirque !

Mes parents se sont séparés lorsque j'avais quatre ans. Mon père se faisant de plus en plus rare, mon grand-père a tenu pour moi, par la suite, le rôle de père. Ma mère et moi faisions souvent le voyage du Luxembourg à Saarbrücken de 1934 à 1938.

Tous ces voyages en train de Luxembourg ville, où nous habitions depuis 1938, à Saarbrücken, devenaient de plus en plus périlleux. Prendre le train, c'était s'exposer aux fréquents contrôles. L'un de ces voyages en direction de l'Allemagne fut particulièrement dangereux. Étant une enfant très sociable, j'avais l'habitude de parler aux inconnus. Ne pouvant discriminer, j'ai répondu à la question du contrôleur demandant si nous avions quelque chose à déclarer. J'ai vivement expliqué que j'avais ma poupée dans une petite valise avec un paquet de café. Ma pauvre mère est devenue livide car, sans doute, il y avait des restrictions sur certaines importations. Par chance, le contrôleur n'a pas donné suite. Les juifs allemands étant devenus apatrides, mes parents n'avaient pas pu obtenir le permis de séjour au Luxembourg, où nous étions donc des clandestins. Là, comme dans bien d'autres moments, pour avoir survécu à cette chasse à l'homme, il faut avoir eu beaucoup de chance ! Je me le répéterais souvent...

Je me souviens aussi que Saint Nicolas venait toujours dans les villes du nord. Il formait un cortège qui déambulait dans les rues de la ville, suivi du Père Fouettard, qui punissait les enfants qui n'avaient pas été sages. J'avais mauvaise conscience, car je désobéissais à ma mère, donc j'avais un peu peur. Le soir de la Saint Nicolas, le 6 décembre 1937, mon grand-père très malade m'appela pour que je me couche auprès de lui, mais auparavant il avait demandé à ma grand-mère de lui apporter son sabre de la Première guerre mondiale pour me protéger, et l'avait posé près de lui. Comme la grande majorité des Allemands, mes grands-parents dormaient dans des lits jumeaux. De ce fait, j'avais peur que le sabre ne glisse entre les deux lits ! Mais je m'endormis bientôt dans le lit de ma grand-mère, le sabre entre grand-père et moi.

Mon cher « Opa », grand-père, mourut le 1er ou le 2 mars 1938. Il avait 63 ans et moi 5 ans. Je sentais bien que quelque chose de très important venait de se passer, mais n'en saisissais pas le sens. Je savais que grand-père était parti, mais n'avais aucune notion de cet ailleurs. Beaucoup de grandes personnes allaient et venaient dans l'appartement. Grand-mère ou ma mère ouvraient la porte d'entrée, je sortais sur le palier, enjambais la rampe d'escalier et me laissais glisser doucement jusqu'au prochain tournant. Ma mère venait me chercher et me grondait doucement. J'ai toujours été une enfant très active.

Pour ne pas prendre trop de risques en passant la frontière une fois de plus, nous sommes restées, ma mère et moi, avec grand-mère à Saarbrücken jusqu'à fin avril, pour ne plus jamais retourner en Allemagne. Pendant cette période, et malgré les interdits promulgués par les lois raciales, les membres de la famille de ma grand-mère sont venus se recueillir. En particulier ma grand-tante Ida.

En quittant Saarbrücken fin 1938, grand-mère mit tous ses effets mobiliers en garde-meubles. On l'obligea à payer dix ans d'avance. Grand-mère vint à Paris retrouver son fils Paul. Elle voyagea avec deux valises contenant des habits. La famille apprit que la totalité des effets personnels conservés dans ce garde-meubles fut volé et vendu aux enchères en 1939.

V - Le Luxembourg (1934 - 1940)

Parallèlement à ces souvenirs liés à mes grands-parents, voici mon quotidien de l'époque. Nous sommes arrivés au Luxembourg en mars 1934, dans une petite commune viticole à 10 km du fameux Schengen et 80 km de Saarbrücken : Remich. Mon père y avait encore des cousins et des amis, puisqu'il y passait ses vacances étant enfant. Lui-même était né le 23 juillet 1907 à Algrange, en Lorraine française très proche.

Ma grand-mère paternelle était luxembourgeoise de naissance. Elle était née le 22 janvier 1876 à Remich. C'était un chef-lieu cantonal et un carrefour commercial depuis le Moyen Age. Au début du XXème siècle s'y développa la viticulture et le commerce du vin, qui se perpétue aujourd'hui. Le Luxembourg est tri-culturel. Parfois la dominance est française, parfois allemande, tout en gardant une spécificité bien luxembourgeoise. On y parle luxembourgeois, allemand et français, les trois langues officielles. En dehors de l'allemand parlé en famille, je ne parlais que luxembourgeois.

Mes parents avaient trouvé une maison tout à la fin de l'une des routes principales de Remich. Cette route est encore aujourd'hui bordée par la Moselle d'un côté et les vignobles de l'autre. Notre jardin finissait au milieu des vignes. Nous traversions la route et un pré pour aller nager. Je m'y sentais très bien ! La maison n'était pas grande, mais suffisait largement à notre famille ainsi qu'à tous les visiteurs, membres de la famille de ma mère, qui venaient souvent au début.

Lors de notre emménagement au Luxembourg, les lois raciales de septembre 1935 n'étaient pas encore promulguées. Nous étions encore de nationalité allemande avec un passeport sans marque distinctive. Mes parents purent déménager avec tous leurs biens mobiliers.

La maison fut meublée comme l'appartement de Karlsruhe. Mon lit se trouvait dans la chambre de mes parents. Il y avait un salon, deux chambres d'amis, la cuisine et une salle à manger, très grande. La table et les chaises étaient au centre, vers la fenêtre. Le vaisselier se trouvait d'un côté et à sa suite, dans le coin, une vitrine renfermait tous les trésors de ma mère - miniatures, statuettes en porcelaine et autres objets auxquels elle tenait. J'étais fascinée et passais de longs moments à les admirer. J'étais aussi très sensible à la décoration de cette pièce, aux couleurs de ma mère. Elle aimait tous les dégradés de brun, les roux, les roses. La pièce maîtresse était son piano, dans cette salle où nous passions la plupart de notre temps. Nous faisions du tricot et de la couture. Quand je m'ennuyais, je me balançais sur les chaises en bois laqué. Je n'ai aucun souvenir de radio, ni de tourne-disque. Toute ma petite enfance fut bercée par le piano de ma mère. Je n'ai retrouvé aucune partition, mais la douceur de sa musique me ferait pencher vers la musique de Schubert. La cousine de ma mère, Élisabeth, me confia bien plus tard qu'elle affectionnait beaucoup la musique de Debussy. J'allais très peu dans le salon. Le portrait de ma mère illuminait cette pièce. Elle était le seul membre de ma famille proche dont un portrait fut peint. Il survécut à la tragédie.

La maison avait aussi un vaste grenier. À l'endroit où finissaient les deux cheminées, se trouvait un « fumoir », genre de placard dans lequel on pouvait pendre pour les sécher des saucissons ou de la viande. J'aimais beaucoup y monter avec ma mère lorsqu'elle y étendait le linge.

J'avais à peine deux ans lorsque j'eus la coqueluche. C'est la seule maladie infantile que j'ai contractée. L'un de mes premiers souvenirs : je suçais vigoureusement mon pouce, habitude que ma mère voulait me faire abandonner. Comme je toussais beaucoup, elle me donna une sucette trempée dans du miel. Mais une fois le miel avalé, je pleurai de nouveau, voulant sucer mon pouce enveloppé dans un bandage. Ma mère céda très vite !

J'étais une enfant très curieuse. Ma solitude d'enfant isolée me poussait à la découverte de mon entourage. Une chatte avait fait une portée de petits qui sont devenus comme mes poupées. Je les habillais en les martyrisant malgré moi. Je jouais aussi avec les insectes. Je ne comprenais pas la peur que ma mère avait des araignées et des souris : tout ce monde était amical pour moi !

Viennent très vite d'autres souvenirs beaucoup moins heureux avec mon père. La relation entre mes parents se dégradait de jour en jour. Ils n'avaient pas encore appris à vivre à deux, qu'ils se retrouvaient à trois dans des temps qui allaient en s'obscurcissant. Les lois raciales étant alors promulguées et appliquées : nous étions réfugiés en provenance d'Allemagne, nous avions perdu notre nationalité, notre statut, notre identité. Près de 3 000 juifs étaient dans le même cas au Luxembourg. Mon père fit des efforts considérables pour chercher du travail dans une branche commerciale, mais n'en trouva pas. Il écrivit des lettres non seulement au Luxembourg, mais aussi en France et en Angleterre. Toutes les réponses furent négatives. Même sa demande d'entrer dans la Légion étrangère. Il finit par accepter d'être main-d'œuvre dans une ferme. Les économies diminuèrent à vive allure. Mon père s'absentait souvent de la maison et lorsqu'il revenait ce n'était pas agréable.

Je souhaitais avoir un grand frère. Comme ceux-ci étaient apportés par la cigogne, j'essayais de l'appâter avec ce que j'avais de plus cher : du chocolat, que je mettais sur le rebord de la fenêtre. Cela ne marcha pas et je compris très vite pourquoi. Je vis mon père manger le chocolat. Ce fut une énorme déception.

Pour combler notre mal de vivre, en 1936-37, la Moselle déborda. Notre sous-sol fut inondé. L'eau arriva même au premier étage. Cette année-là j'allais au jardin d'enfants qui se trouvait au centre du village. Les routes étant sous l'eau, il fallait prendre une barque. Je me trouvais dans l'embarcation avec mon père. Je bougeais sans doute beaucoup et mon père me gifla en me demandant de rester tranquille. Cela me glaça. J'ai reçu trois gifles dans ma vie. Ce fut la première et la dernière de mon père. L'année suivante, en 1938, mes parents se séparèrent « officiellement » et je ne revis mon père que 44 ans plus tard. Je lui demandai alors le pourquoi de la gifle. Il me raconta qu'alors il ne savait pas nager et qu'il craignait que la barque ne chavire !

Nous avions souvent de la visite jusqu'en juillet 1938, et nous voyagions encore en Allemagne jusqu'en avril de cette même année. Malgré la mésentente de mes parents, ma mère gardait de très bonnes relations avec le frère aîné de mon père, Erich. C'était un homme affable et bon. Il vivait depuis longtemps au Brésil, bien avant l'avènement nazi. Il nous rendit plusieurs fois visite à Remich. Il n'approuva guère la vie dissipée que menait mon père avant de migrer au Brésil. Par la suite, ma mère s'adressa à plusieurs reprises à son beau-frère pour demander de l'aide à l'immigration au Brésil. Des lettres bouleversantes qui me furent remises par ma tante et mes cousines à la mort de mon père. Mais il était trop tard. L'étau s'était déjà refermé sur les juifs restés en Europe.

C'était surtout les visites du clan maternel, de mes grands-parents Oma et Opa, mes oncles, mes grands-tantes et cousines de ma mère qui me comblaient de joie. J'aimerais faire quelques portraits car, des treize enfants de mon arrière-grand-mère, la majorité n'eut pas d'enfant. Sur les sept filles, deux seules épousèrent des juifs dont une, ma grand-mère, eut quatre enfants. Des cinq autres une seule eut trois enfants. Elles étaient toutes de croyance chrétienne. Les six fils étaient à égalité juifs et protestants ou sans religion. Un seul eut une fille, Erika, de deux ans seulement mon aînée.

Il y avait la tante Ida. Célibataire et d'obédience protestante mais non pratiquante. C'était la tante préférée de ma mère, dont elle était de 15 ans l'aînée. Elle naquit à Fürth le 6 septembre 1888. Elle était « l'intellectuelle » de la fratrie, habitait München, où ma mère allait souvent. Elle avait l'« *Abitur* » (l'équivalent du Bac), ce qui à cette époque en tant que fille d'une fratrie de treize était un exploit ! Mon premier souvenir précis de tante Ida remonte à l'année 1938, le 16 avril, Pâques à Sarrebrücken, peu de temps après la mort de mon grand-père. Nous faisions des promenades ensemble. Elle m'intimida. C'était très formel et il fallait être sage ! Elle n'avait pas l'habitude des enfants. Elle vint aussi nous rendre visite à Remich. Après la guerre, à New York, elle devint aussi ma préférée des tantes survivantes.

À partir d'août 1938, il devint plus difficile de voyager hors des frontières allemandes. Car en plus nos prénoms sur les passeports devaient être suivis ou précédés d'un « Sara » pour les femmes et d'un « Israël » pour les hommes. Puis, le 5 octobre de cette même année, et à la demande de la Suisse, les autorités allemandes devaient tamponner les passeports d'un grand « J » à l'encre rouge ou noire. Ceci afin de mieux identifier les juifs allemands se présentant à la frontière.

Tante Ida resta en Allemagne jusqu'au 9 septembre 1940. À cette date, elle se rendit à Berlin pour prendre le train, traversa la Russie, la Mandchourie et aboutit à Shanghai le 18 septembre. De là, elle embarqua pour Cuba, puis New York en 1941 ! Elle était à notre débarquement à New York en 1947. Elle fut très présente dans mon adolescence. Je l'aimais beaucoup malgré sa sévérité. Mes souvenirs d'elle m'ont accompagnée toute ma vie jusqu'à sa mort à New York en novembre 1970, peu de temps après l'avoir vue une dernière fois. Elle souffrait de la maladie de Parkinson.

Vint également nous rendre visite Élisabeth. Aujourd'hui encore, je vais la voir, à Fürth ou à Vienne, chez son fils. Élisabeth est née le 8 avril 1920. C'est une cousine germaine de ma mère, de 17 ans sa cadette. Elle est la fille cadette d'Emilie, une jeune sœur de ma grand-mère. Élisabeth était l'aînée des deux nièces de mes grands-parents et, d'après elle-même, très gâtée par ces derniers. Elle venait souvent nous voir dès ma naissance. Elle faisait office de *babysitter* ! Je l'appelais « Lela ».

Erika était l'autre cousine de ma mère. Elle avait deux ans de plus que moi, étant née le 3 septembre 1930. Ma mère était souvent à München et aimait beaucoup la compagnie de son oncle Ernst et de sa femme Hilde, les parents d'Erika. Nous allions les voir jusqu'à 1938. Erika habitait avec ses parents dans une très belle maison. Je n'ai qu'un souvenir précis : nous jouions à la poupée, toutes deux assises sur les escaliers. Ma belle cousine Erika aux yeux bleus et au visage de poupée fut déportée et assassinée par les nazis avec ses parents. Abattus par des balles, puis peut-être brûlés, après avoir creusé leur tombe aux environs de Riga, Lettonie, en 1941. C'est ce que l'on appelle « la Shoah par balles ». Nous n'en avons jamais su plus.

Ma grand-tante Jenny vint une fois à Remich. Elle était la plus grande en taille des filles Bock et la quatrième des 13 enfants. Elle avait épousé un certain Midas que je n'ai jamais connu. C'était un monsieur fortuné dont la bibliothèque était immense et fort réputée. Tante Jenny travaillait en tant qu'infirmière bénévole pendant la guerre. Elle fut néanmoins déportée et assassinée dans un camp de concentration en 1942.

Mes oncles Paul et Martin vinrent lorsqu'ils le pouvaient. Ils étaient en constant contact épistolaire avec ma mère. Oncle Martin travaillait à Londres avant la guerre. Évidemment, il y resta. Il subit quand même un court internement dans l'Isle of Man en tant qu'Allemand, l'ennemi ! C'est mon oncle Paul qui s'impliqua beaucoup dans la survie de ma grand-mère, de ma mère et de moi-même. C'est lui que ma grand-mère vint rejoindre en 1938 après la mort de son mari. C'est lui aussi que nous rejoignîmes ma mère et moi après l'invasion du Luxembourg et de la France par les Allemands. Il me tint lieu de père durant l'adolescence.

Remich était le lieu où je vivais heureuse avec ma mère, mes chats et mes quelques fleurs au jardin. C'est à Remich que j'eus ma première crise de dent. Rien d'étonnant, j'aimais tant les sucreries et le chocolat. Ma mère me traîna à travers le village. Je pleurais, j'hurlais : je ne voulais pas aller chez le dentiste ! Il faut dire qu'il n'y avait pas d'anesthésie.

Nous ne voyagions plus en Allemagne. Le 22 juillet 1938, chaque juif devait obtenir une « Kennkarte », carte avec un grand « J » imprimé sur la page de couverture, ainsi qu'un autre occupant environ le tiers de la page suivante. Quelques semaines auparavant avait eu lieu la conférence d'Evian. C'est là où se réunirent les délégués de 32 pays afin de discuter la situation des réfugiés juifs d'Europe. Ils créèrent le Comité Intergouvernemental sur les réfugiés (IRC). Ce comité ayant peu de pouvoir et encore moins de ressources, il resta peu actif. Aucun des 32 pays, bien que sympathisant avec la cause des réfugiés, n'en laissa entrer. Certains pays comme Cuba en laissèrent transiter un tout petit nombre. Seule la République Dominicaine accepta d'en recevoir un grand nombre.

Puis vint la Nuit de Cristal, du 9 au 10 novembre en Allemagne. Nuit pendant laquelle les nazis brûlèrent et détruisirent les synagogues et tout ce qui appartenait aux juifs. Il y eut aussi des rafles. Mon grand-père paternel fut interné au camp de concentration de Buchenwald le 11 novembre 1938. Mon oncle Erich, son fils, réussit à le faire libérer et transférer à Hanovre onze jours plus tard par l'intervention du consul brésilien. Mes grands-parents paternels reçurent leurs visas d'émigration pour le Brésil et s'embarquèrent avant la fin de cette année-là. Peut-être grâce à Mme Aracy de Carvalho, grande résistante brésilienne, cheffe de la section « passeports » à Hamburg.

Mon père quitta le Luxembourg en octobre 1938 et s'embarqua d'Anvers en Belgique le 26 janvier 1939 pour Rio de Janeiro. Ma mère, dont il était séparé, n'a pas voulu l'accompagner. Elle ne voulait pas le suivre sans un membre de sa propre famille. Ne mesurant pas le danger, elle ne voulait rien devoir à mon père ni à son ex-belle-famille, qu'elle croyait hostile à son encontre. Seul l'oncle Erich l'avait invitée à les suivre.

Nous dûmes définitivement quitter Remich pour vivre dans un appartement à Luxembourg ville. Il se trouvait au 22 avenue de la Liberté, une très grande avenue dans un quartier moderne et commercial. Les temps devinrent très difficiles pour ma mère. La vie devenait sérieuse et triste, je le sentais. J'ai suivi l'école primaire dans cette ville de 1938 à 1940. Le jardin d'enfants et le cours préparatoire. C'était encore des années heureuses malgré tout. Je jouais beaucoup à la poupée avec mon amie Jacqueline. Mais j'étais plutôt garçon manqué et j'étais volontiers avec les garçons pendant la récréation. J'ai emprunté sa bicyclette à ma mère un jour de 1939. Je me suis trouvée sur une pente. Mes mains étant trop petites pour ce vélo d'adulte, je n'ai pas pu saisir le frein à temps. J'ai culbuté et suis arrivée sous une barrière, dans un champ plein de chevaux. Ils sont venus m'observer tout près, j'en ai eu une peur folle. J'ai tiré le vélo et suis rentrée toute penaude. J'avais abîmé le guidon de ma mère et cela m'a contrariée de lui donner un souci supplémentaire en cette période.

Ma 1ère confrontation avec la mort eut lieu lors du décès de la mère d'une camarade de classe. Avant la mise au tombeau, on a dû se recueillir devant son cercueil, qui était à son domicile. Toute la classe a monté un escalier en colimaçon pour se rendre dans sa chambre à coucher. Sous son couvercle de verre, cette femme était l'incarnation de la Belle au bois dormant : habillée de blanc, sur du satin blanc, très belle et comme endormie… La mort n'était pas du tout horrible ; à six-sept ans, je n'ai pas eu peur.

J'ai fêté mes derniers Noël - Hanoukka à Luxembourg ville. Ma mère avait fabriqué un arbre bouquet, resté sur le palier de l'escalier, et nous l'avions décoré. Je vis aussi le grand défilé de la Saint Nicolas et du Père Fouettard !

Il y eut une foire au printemps 1939 où nous sommes allées ma mère et moi. Deux événements s'y produisirent. L'un heureux car j'y gagnai une grande poupée qui en marchant tournait la tête à droite et à gauche. L'autre, troublant : une bohémienne s'approcha de ma mère et prit sa main pour lui prédire l'avenir. Elle lui dit plusieurs choses puis lui annonça qu'elle allait vivre un passage par le feu. Elle s'arrêta là. Ma mère était consternée par cette vision apocalyptique et ne bougea pas pendant quelques instants. J'avais bien sûr entendu ce présage mais ne pouvais le comprendre. D'ailleurs je ne sais pas si mère pouvait le rationaliser. L'enfer, on ne peut l'imaginer. Évidemment les camps de Dachau, Buchenwald et d'autres existaient déjà et la cartomancienne, fine analyste de la nature humaine, devinait sans doute l'origine de ma mère. Cependant, il n'y avait pas de four crématoire à cette époque. Nous revînmes à la maison tristement.

Ma mère connaissait le sort réservé aux juifs en Allemagne. Elle tenta d'immigrer au Brésil avec sa tante Ida et moi. Dans une lettre déchirante datée du 15 janvier 1939, ma mère demanda à son beau-frère de l'aider à venir à Rio. Elle vantait les mérites de sa tante en soulignant que cette dernière était très qualifiée dans les langues vivantes - outre l'allemand, elle savait écrire et parler l'anglais, le français et l'italien. Mais ceci ne put s'accomplir.

En mars, l'Allemagne commença à envahir les pays d'Europe de l'Est et rompit tous les accords signés au préalable. Notre situation devint plus précaire. Ne trouvant pas de travail, ma mère prit un deuxième locataire pour une chambre de notre appartement. Elle fit des démarches auprès de ses frères afin de pouvoir les rejoindre. Début février, on fêtait la Chandeleur. Avec d'autres enfants, nous nous promenions dans les rues avec un lampion, visitions les commerces alimentaires pour quémander de la nourriture. À quelques encablures de notre maison se trouvait une crèmerie. J'aimais en particulier le « *Kochkäse* » luxembourgeois, équivalent de la cancoillotte, et j'en eus une cuiller.

Les mois s'écoulèrent. Nous n'avions plus de visite. La guerre fut déclarée le 3 septembre 1939. L'argent vint à manquer. La semaine suivante, le 11 septembre 1939, ma mère écrivit une lettre à son frère à Londres dans laquelle elle expliquait qu'un locataire était parti. Elle commença à vendre les meubles du salon, de la salle à manger, la belle vaisselle, quelques objets d'art, et bien sûr, le piano. Nous occupions toutes deux la chambre à coucher et la cuisine. Elle lut dans un journal que les Anglais pensaient que la guerre durerait au moins trois ans. Elle n'arriva pas à le croire. Le 11 septembre 1939, c'est aussi le jour où je débutai ma scolarité en « deuxième primaire ». J'aimais beaucoup l'école. La petite fille unique et entourée d'adultes que j'étais retrouvait des enfants de son âge et une ambiance plus sereine.

Ma mère était en lien constant avec ses frères et recevait des nouvelles de Paris et de Londres. Grand-mère était souffrante à Paris en cette fin d'hiver 39-40. Ma mère envoya une nouvelle lettre à Martin datée du 18 mars 1940 dans laquelle elle disait avoir reçu une lettre du ministère la priant de quitter le Luxembourg dans les deux mois. Son visa n'était pas renouvelé. De nouveau ma pauvre mère pria ses frères de l'aider à sortir. Le 10 mai 1940, les troupes allemandes envahissaient le Luxembourg neutre. Mon école fut divisée en deux. Nous partagions ainsi la cour et le bâtiment avec les troupes allemandes. Un jour, en pleine cour d'école, sous nos regards d'enfants, les soldats attrapèrent un cochon. L'animal fut abattu avec une hache et coupé en morceaux. J'eus la nausée et me trouvai mal. Une telle barbarie était bien un indice de ce qui allait suivre. L'antisémitisme se fit sentir dans le regard des personnes. Etait-ce pure coïncidence si en allant acheter des bonbons, la commerçante me les enveloppa dans un cornet au fond duquel se trouvait du poivre moulu ? En tous cas j'eus mal à la gorge et éternuai un bon moment. Nous restâmes tout de même jusqu'à la fin de l'été 1940.

L'ordre d'expulsion des juifs du Luxembourg fut donné le 12 septembre 1940. Ma mère trouva un moyen. Je n'ai jamais su comment. Deux caisses en bois contenant les biens qu'elle voulait garder, c'est-à-dire les tableaux, huiles, aquarelles, un choix de vaisselle et de linge de maison, furent confiés à une amie, Mme Didong.

Par une belle journée de fin d'été, au moment où le chef de la Gestapo donnait l'ultimatum aux juifs de quitter le pays, nous partîmes pour la France en passant par la Belgique. Nous avions deux grandes valises contenant nos vêtements, quelques objets de valeur, deux de mes poupées et quelques livres d'enfants en allemand.

Le train nous déposa à Bruxelles où nous restâmes une nuit dans un bel hôtel. Malheureusement beaucoup de soldats allemands l'occupaient. Le soir venu, j'eus très faim, mais ma mère ne voulait pas courir de risque en descendant manger dans la grande salle. Notre séjour fut ainsi court et désagréable. Le lendemain matin, de bonne heure, nous avons quitté l'hôtel avec nos valises. Sans visa aucun !

Le camion nous attendait dans une petite rue. Nous avons grimpé à bord, à côté du chauffeur, ce que je trouvais amusant. Pour passer la frontière franco-belge, il fallut bien nous dissimuler. Entre des caisses, sous de gros sacs et une bâche. Le camion allant en cahotant sur la grande route qui reliait la Belgique à la France, lorsque tout d'un coup le chauffeur freina et s'arrêta. Mon cœur ne fit qu'un tour et certainement celui de ma mère aussi. Je connaissais instinctivement le danger. J'entendis des bruits de bottes sur le macadam. Puis des voix. Ils contrôlèrent les papiers du chauffeur et vinrent soulever légèrement la bâche. Nous ne respirions plus. Nous étions des bêtes traquées.

Enfin, après quelques minutes qui durèrent des siècles, le camion s'ébranla de nouveau. Nous étions en France, elle aussi envahie par les troupes ennemies depuis juin, mais coupée en deux zones. L'une occupée et dirigée par les nazis. L'autre, dite libre, dirigée par le gouvernement de Vichy et le maréchal Pétain.

Nous entrions en zone occupée.

VI - La France, début septembre 1940

Oui, nous étions en France. Des milliers de Français avaient été jetés sur les routes. Nous sommes arrivées après cet exode. Je n'avais pas encore huit ans et ne parlais pas le français, ou si peu. Le luxembourgeois était inconnu au-delà des frontières...et l'allemand était une langue bannie, interdite et honnie. Sauf pour les collaborateurs, pétainistes, antisémites et autres admirateurs nazis.

Mais j'étais avec ma mère et mon monde était complet. Avec elle, je me sentais rassurée. Je n'aurais évidemment pas su comprendre ses craintes, ses tourments... Je ne posais pas la question du pourquoi de cette fuite. Je ne réalisais pas que nous étions traquées, en danger de mort. Sans doute ma mère elle-même ne pouvait pas imaginer l'horreur. Pourtant, des rumeurs avaient circulé très tôt sur les camps d'internement, des camps de « travail »... « *Arbeit macht frei* », « Le travail, c'est la liberté » ! Avant d'être écrite à l'entrée du camp d'Auschwitz, cette phrase était écrite sur le fronton du portail du camp d'internement de Dachau, que tout juif allemand connaissait bien avant la guerre.

Ma première expérience en France fut dans un café-restaurant de gare, peu après avoir traversé la frontière. C'était une terrasse au soleil. Le contraste était le bienvenu après avoir été cachée sous une bâche de camion pendant de longues heures. Nous nous étions assises à une table près d'un muret de pierre. Seule une autre table, proche de la nôtre, était occupée par un couple. Ils me parlèrent. Je leur souriai puis regardai ma mère. Elle parlait bien le français, mais avec un fort accent allemand. Leurs paroles me furent traduites par elle, ce qui me permit de répondre « *oui et merci beaucoup* ». Je ne crois pas avoir vraiment saisi de quoi il s'agissait car j'eus un sentiment d'inadéquation.

VII - Paris, de fin 1940 à juillet 1942

L'arrivée (1940 - 1941)

Nous sommes venues en France parce que s'y trouvait l'oncle Paul, qui y vivait et travaillait dès avant la guerre. Au début des années 30, il y était venu pour y apprendre la langue ; étudiant, il vivait rue Royer-Collard. Il y avait pris goût et était resté. Il travaillait pour une compagnie d'aluminium et la représentait à l'étranger. Grand-mère l'avait rejoint et vivait chez lui à Paris, mais elle s'était vite retrouvée seule. De fait, lors de notre arrivée, Paul était absent, s'étant engagé à la déclaration de la guerre (en septembre 1939) dans la Légion étrangère. Il se trouvait à l'époque à Villeurbon dans le Loir et Cher.

Nous sommes arrivées à Paris sans que je m'aperçoive bien de la traversée de la France. Nous avons pris le métro pour arriver à l'appartement où habitait grand-mère. Il était situé au 12 rue Gustave Lebon dans le 14ème. Peu après notre arrivée et le départ de mon oncle, nous avons dû en partir. Il était loué par l'oncle Paul à son nom et, en son absence, deux femmes et une enfant étrangères sans revenus, sans papiers, sans défenses, sans statut, ni argent, avec des difficultés à nous nourrir…nous ne pouvions pas y rester.

Paul. Engagé dans la Légion étrangère à 33 ans, mon oncle était resté en France. Après la défaite du 10 juillet 1940, il a essayé de fuir en Angleterre. C'est à Saint-Nazaire qu'un petit groupe de légionnaires a essayé d'embarquer sur un bateau anglais mais, étant de la Légion, les Anglais les ont repoussés.

Mon oncle est ensuite allé dans le sud-ouest, voulant se rapprocher de la frontière espagnole. Mais il fut arrêté deux fois dans des rafles à Toulouse. Il m'a plus tard raconté ses évasions.

Il faisait extrêmement chaud. Il a été pris par deux gendarmes français. Il leur a proposé d'aller boire une bière dans un café qu'il connaissait. Il avait repéré qu'il y avait deux entrées. Attablé avec eux, il s'est tout d'un coup excusé pour aller aux toilettes. Les gendarmes l'ont laissé y aller. Pendant qu'ils buvaient leur bière, Paul s'est échappé et ensuite a réussi à se cacher dans une ferme où il a offert ses services comme ouvrier agricole. Il est resté chez ce paysan quelques mois.

Il eut envie de retrouver son ami d'avant-guerre, un compagnon de Légion qui se cachait à Bagnères de Bigorre : Hans Isenberg. Mais Paul s'est de nouveau fait attraper lors d'un contrôle d'identité. De là, il s'est fait envoyer dans un camp d'internement où se trouvaient des juifs mais aussi des espagnols antifranquistes, des tziganes, des trafiquants et bien d'autres parias encore. Beaucoup de camps se trouvaient dans cette région.[1] Etonnant pour un juif laïc, il nous a raconté que malgré la faim qui tiraillait son estomac, il ne pouvait réussir à manger de jambon ! Ni de rats…

Pour s'en sortir, il montra de nouveau énormément d'habileté. Un soir, tout seul, entre deux faisceaux de miradors, il a rampé sur le ventre sous les fils barbelés. Il savait que s'il restait là il serait déporté vers les camps de la mort en Pologne. Il s'enfuit et se cacha à Bagnères de Bigorre, où je lui ai écrit deux cartes aux noms de ma mère et grand-mère : en juillet et août 1941. « Paul Aron poste restante, Bagnères de Bigorre, Hautes Pyrénées. » C'étaient des cartes postales spéciales, « exclusivement réservées à la correspondance familiale ».

Ces écritures étaient un peu codées car c'est moi qui écrivais et signais mais c'était ma mère qui dictait et voulait dire que nous allions bien et étions encore vivantes toutes les

---

[1] Les Juifs pendant l'occupation, André Kaspi, Seuil, 1991 et 1997.

trois. Je n'ai revu mon oncle Paul qu'en décembre 44, cinq ans plus tard, lorsque je suis revenue de Normandie à Paris.

Revenons à cette année 1940…

Nous avons donc dû quitter l'appartement. Grand-mère et maman ont trouvé un studio beaucoup moins cher, dans le quartier populaire du Marais. C'est dans ce meublé que nous avons habité jusqu'à l'été 1942.

Il se trouvait au 12 rue Caffarelli, Paris 3ème. C'était un endroit très différent, au niveau social, de ce que j'avais connu auparavant. Il y avait l'eau froide courante, un réchaud à gaz, les toilettes sur le palier, et pour prendre un bain ou une douche il fallait aller aux bains municipaux. Malgré l'exiguïté des lieux, il y avait un paravent devant le lavabo. Ma mère, qui avait une grande hygiène de vie, se lavait entièrement dès son lever à l'eau froide, et m'encourageait à en faire autant. Je dois avouer que je trichais ! Ensuite elle prenait un grand verre d'eau chauffée citronnée quand cela était possible. Cela changeait de la grande salle de bains en marbre blanc de mes grands-parents, mais il fallait s'adapter. Ce qui m'importait surtout était d'être auprès de ma mère et ma grand-mère. Lieux et environnement n'avaient aucune importance pour moi. En y repensant, je me dis que pour une petite fille d'environ huit ans, l'essentiel était l'amour inconditionnel qu'elles me portaient. Je me sentais en sécurité malgré un monde hostile et auparavant inconnu pour moi.

L'année 1940-1941 s'est déroulée comme une année d'adaptation à notre nouvelle situation, aussi restrictive soit-elle… Les lois raciales contre les juifs allaient vite être promulguées. Nous étions très isolées ; ma grand-mère était là depuis 1939 et connaissait quelques rares personnes. Parlant mal le français, elle avait surtout fait connaissance avec des étrangers juifs allemands comme elle. Ma mère et moi ne connaissions personne. Dans le quartier dans lequel nous habitions, après le français, la 2ème langue parlée était le yiddish, que nous ne parlions pas. Ma mère parlait et écrivait - avec des fautes - le français, qu'elle avait appris au lycée.

Nous avions à cette époque encore de rares contacts avec la famille restée en Allemagne. Les membres qualifiés de « non juifs » d'après les lois raciales. Dans le cas de notre famille, « protestants » - « *Evangelisch* » en allemand.

L'été 1941, nous eûmes la visite de Hilde, une amie de ma cousine Élisabeth qui se trouvait à Paris avec la Wehrmacht. Hilde, sans doute en congés, n'était évidemment pas en uniforme. Elle m'apporta, entre autres, un cadeau de la part de notre cousine.

C'était une petite montre ronde dont le bracelet était en cuir noir. Quelle joie pour moi dans ce monde de privations ! Grand-mère et ma mère apprécièrent beaucoup ce geste car il était dangereux pour cette amie de se trouver en compagnie de juifs. Cette montre, ma première, s'est perdue lors de mon « errance », mais j'en ai gardé un très bon souvenir. Fière d'être devenue une grande fille, à neuf ans !

Ma mère et moi faisions tout Paris à métro, pour découvrir ! Elle aimait surtout le métro aérien, les lignes Nation-Porte Dauphine, Place d'Italie-Etoile et Place d'Italie-Gare du Nord. Nous nous y baladions des journées entières, les dimanches par exemple. Les rafles n'étaient pas encore en vigueur, ni le port de l'étoile juive.

Nous nous promenions aussi rue de Rivoli, faisant du lèche-vitrines. Ma mère était très myope. Ne voulant sortir ses lunettes par coquetterie, elle me demandait constamment le prix des jupes et vêtements dans la vitrine. Je servais également d'yeux à ma grand-mère qui, souffrant de cataractes, voyait très mal.

Ma grand-mère était coquette et raffinée mais...bavaroise ! Elle venait souvent me chercher à l'école. Nous étions pour une fois de sortie, assises toutes deux place de la République. Il faisait très chaud. À la terrasse d'un café, à une petite table ronde, j'ai eu le droit de prendre une limonade. Grand-mère, toujours élégante, chapeau-voilette, gants ajourés crochetés, robe légère d'été, petit sac…à l'heure où toutes les grands-mères du monde commandent une tasse de thé, ma grand-mère, en bavaroise de München, commanda un bock ! J'en ai été très gênée.

Ma grand-mère était une maîtresse-femme, toujours élégante, loin de l'image de rustres des Bavarois. Mais elle était aussi fille de négociant en houblon, née dans l'univers de la bière. Moi j'associais ça à « non-Français », à l'identité allemande, à la vulgarité peut-être, mais surtout l'étrangeté…alors que je souhaitais surtout passer inaperçue ! Je pensais qu'en buvant de la bière à la terrasse, grand-mère révélait son identité, que moi j'essayais de cacher, en parlant français et ne faisant pas de vagues.

Au début 1941, j'ai perdu mes dents de lait et ont poussé mes dents permanentes. Problème : mes deux dents de devant, les incisives supérieures, étaient alignées mais partaient dans des directions différentes, l'une allant vers l'avant, celle d'à-côté vers l'arrière. Quand je fermais la bouche, la mâchoire inférieure se trouvait coincée entre ces deux dents. Ma mère s'est renseignée auprès d'un dentiste allemand qui se trouvait avenue Kléber ou avenue Foch, tout près de l'Etoile, et qui était un pionnier pour ce genre de problème.

À l'époque, il n'y avait pas d'appareil orthodontique, cette discipline était encore balbutiante. Après avoir fait une expérience sur une dentition canine, ce dentiste fabriqua un appareil qu'il apposa sur mes incisives inférieures. Je le sentais comme une montagne de résine dans ma bouche sur laquelle je devais mordre, ce qui poussait la dent « fautive » du bon côté, de façon à ce qu'elle s'aligne avec l'autre. C'était pendant l'été 1941. En allant chez ce dentiste, je me souviens avoir éprouvé un malaise, du fait qu'il était allemand. Je n'ai jamais su si c'était aussi un juif allemand mais je ne crois pas. Je devais y retourner pour une vérification. Après avoir réglé la facture, ma mère décida de ne pas y retourner.

Tout cela, ces rumeurs, je les sentais : ma mère ne me parlait jamais explicitement de danger. C'était quelque chose que je captais dans les conversations entre elle et ma grand-mère.

Ma mère a voulu faire Kippour à la Synagogue de la Victoire en 1941. Elle se recueillait toujours ce jour-là. Nous étions dans la rue, je flânais en la suivant et elle me disait « Viens maintenant Marion ! » Une dame s'est arrêtée et a demandé à ma mère « Mais comment, vous l'appelez par un nom de famille ?! »

Cette personne pensait peut-être à Paul Marion, un populiste, féroce antisémite, qui était à cette époque le secrétaire général à l'information et à la propagande de Pétain[1]. Il est vrai aussi que le prénom de Marion n'était pas du tout revenu à la mode en France. Ma mère, avec ce prénom médiéval, m'a donné sans le vouloir un prénom international et passe-partout qui m'a beaucoup accommodée !

En arrivant rue Caffarelli, ma mère m'avait tout de suite inscrite à l'école Béranger pour l'année scolaire 1940-1941. C'était une école communale de filles. J'avais auparavant été à l'école à Luxembourg ville. Mes deux premières classes là-bas étaient en allemand, comme toutes mes lectures et écrits d'enfance. Mais le Luxembourg étant un pays très « imbriqué » et à l'histoire francophone, je comprenais un tout petit peu le français. À l'école française, j'essayais de toutes mes forces de cacher le fait que mon français était faible et que je ne comprenais pas toujours les indications données par la maîtresse.

Ma première dictée a mal fini. La maîtresse avait l'habitude de lire le texte en entier. Les élèves devaient écouter, puis elle recommençait du début en séparant bien les mots et en laissant le temps tous les deux mots pour écrire. J'avais mal compris ce système et, dès la fin de la

---

[1] L'Occupation allemande en France, Jean Defrasne, P.U.F., 1985.

lecture totale du texte, je me mis à écrire à toute vitesse, pensant qu'il fallait restituer le texte de mémoire. Quand la maîtresse vit que j'étais en train d'écrire, elle se hâta vers moi et me gifla. J'en ai été vexée, triste…blessée dans mon orgueil de bonne élève. Je ne savais plus où me mettre. Cette très jolie jeune femme dont le mari était prisonnier en Allemagne a visiblement regretté… Était-elle antisémite, antiallemande ? Comme j'avais les deux qualités, la question de son énervement reste posée ! Cette histoire permet de souligner qu'il était dur de porter le fait d'être à la fois juive et allemande. Ce fut un double fardeau pendant la guerre… Malgré l'injustice ressentie (encore aujourd'hui !), je n'en ai jamais voulu à cette femme.

Malgré tout, mon adaptation au français fut rapide, puisqu'à la fin de l'année 1940-41 je reçus le Prix d'excellence - un beau livre d'histoires enfantines.

Grand-mère ou moi-même descendions tous les matins entre 8 et 9 heures pour chercher lait, œufs, beurre ou margarine à la laiterie-crèmerie de la rue Caffarelli, à deux portes de la maison. Nous devions utiliser nos tickets de rationnement.

Grand-mère rentra maintes fois outrée en nous décrivant les Françaises qui allaient chercher leur lait bien souvent habillées en manteau, duquel dépassaient robe de chambre, chemise de nuit et pantoufles. Ceci confirmait les préjugés qu'avaient les Allemands sur les Français : se lavant peu, négligeant leur hygiène (accessoirement, ayant les mœurs légères)… Elle disait : « *Wie kann man nur so aus dem Haus gehen ?!!* » – « Comment peut-on sortir en chemise de nuit ?!! » En Allemagne, pensait-elle, même d'un bas niveau social, personne ne serait sorti dans cet accoutrement.

Dans la vie parisienne d'alors, passaient dans la rue des hommes pratiquant de petits métiers avec une charrette qu'ils poussaient ou tiraient. Certains étaient collecteurs de peaux de lapins, il y avait le chiffonnier, l'aiguiseur de couteaux, le vitrier… Tous criaient leur métier d'une voix très forte, annonçant : « Peaux peaux peaux de lapiiiiiiiiiiiiins !! » ou « Viiiiiiiitrier !! Viiiiiiiitrier !! »

On chauffait au charbon. Des livreurs passaient en charrettes en bois avec des roues cerclées de fer, tirées par un cheval. Elles s'arrêtaient devant les ouvertures de la cave des immeubles. Chaque maison avait à fleur de rue un sous-sol avec des portes s'ouvrant sur le trottoir, où l'on pouvait déverser des sacs de charbon. La guerre, les privations et les ennuis de ma mère et ma grand-mère me rendaient très réceptive... J'éprouvais un grand émoi lorsque je voyais le charbonnier frapper si durement son cheval amaigri, le fouetter pour le faire avancer. Je pense que cela a éveillé en moi amour, compassion et intérêt pour la vie des animaux.

Tout se savait dans la rue... Un jour ensoleillé, sans doute un jeudi, j'étais en robe de printemps, je voulais aller jouer. A peine mis le pied dans la rue pour la traverser, m'est littéralement tombé dessus un homme ivre et titubant. Il m'a déséquilibrée mais m'a retenue et embrassée sur la bouche. Les voisins ont été outrés par ce spectacle. Moi je ne voulais surtout pas faire d'histoires, je voulais partir ! Mais les clients du commerce avoisinant, notamment des femmes, sont sortis sur le trottoir, horrifiés, et se sont occupés de l'ivrogne. Ils ont voulu appeler la police. Je me suis dérobée et n'en ai pas parlé à ma mère, encore moins à ma grand-mère. Elles en ont néanmoins été informées par les voisins. Il faut dire que le commissariat et la mairie en face de chez nous occupaient toute la longueur de la rue. J'entendais souvent hurler la nuit dans le commissariat mais ne me rendais pas compte de ce qui se passait. Il est évident que l'on torturait les gens.

L'été 1939, les historiens ont noté qu'il y avait environ 330 000 juifs en France pour une population de 41 510 millions de personnes. [1] Cela équivalait à 0,75 % de la

---

[1] L'Occupation allemande en France, Jean Defrasne, P.U.F, 1985; Le fichier juif, René Rémond, Plon, 1996.

population, dont près de 4 % à Paris. La moitié d'entre eux étant des juifs de souche française.

Nous venions d'arriver dans une véritable souricière. Le 3ème arrondissement, le Marais, était l'un des quartiers de Paris où étaient concentrés beaucoup de juifs, établis de longue date ou réfugiés étrangers, certains avec leurs accents et tous leur inquiétude.

Entre 1940 et 1943, les nazis, avec « l'accord, le zèle et l'aide »[1] des autorités de Vichy, émirent des ordonnances, lois et statuts contre les juifs. Le gouvernement de Vichy reprit les textes des lois raciales nazies promulguées en Allemagne en 1935.[2] Peu de temps après notre arrivée, commencèrent les lois antijuives telle la 1ère ordonnance du 27 septembre 1940, mise en application le 3 octobre, portant sur le statut des juifs. Il fut demandé par la police à tous les juifs de se présenter au commissariat de quartier de leur domicile munis de pièces d'identité. Ce qui nous touchait, dans cette ordonnance émanant des Allemands : la détermination de qui est juif et qui ne l'est pas ; l'obligation pour toute personne juive de s'inscrire auprès de son arrondissement, la déclaration du chef de famille étant valable pour toute la famille et les contrevenants punis d'emprisonnement et d'amende.[3] Il y avait en outre des brimades spécifiques pour les commerçants. En tous cas, nous devions tous nous faire recenser dans ce qui deviendrait le « fichier familial », centralisé à la préfecture de police de la Seine, ainsi que tous les sous-fichiers.[4] Il fallait s'inscrire par lettre alphabétique. La lettre D passa le 6 octobre 1940.

---

[1] Le Calendrier, Serge Klarsfeld, F.F.D.J.F., 1993.

[2] L'Allemagne nazie et les juifs I, Saul Friedländer, Seuil, 1997.

[3] Le Calendrier, Serge Klarsfeld, F.F.D.J.F., 1993 ; Les Juifs sous l'Occupation, Recueil des textes officiels français et allemands 1940-1944, F.F.D.J.F., 1982.

[4] Le Fichier, Annette Kahn, Robert Laffont, 1993.

Par souci de régulariser notre statut en France, ma mère n'a quasiment pas hésité à aller s'inscrire à chaque fois qu'on le lui demandait, à chaque fois qu'une nouvelle ordonnance ou loi portant sur le statut des juifs en France était promulguée. Car nous n'avions aucun statut et étions parfaitement illégales - pire : juives et ex-allemandes !

De plus, habitant en face du commissariat de police, le « choix » s'imposait à ma mère. Elle est allée s'inscrire en tant que cheffe de famille et nous a inscrites toutes deux. Ma grand-mère ne s'est peut-être pas inscrite ? Ou bien la fiche a-t-elle été perdue. Avec un nom de famille comme Aron, il était difficile d'être discrète lors d'un contrôle policier. Elle apparaît sur la liste des personnes ayant perçu des tickets de rationnement, par conséquent d'autres fiches à son nom ont certainement été faites.

Beaucoup de fichiers ont été détruits - ceux des personnes étant revenues de déportation notamment. Ont survécu les fiches des déportés, et pas toutes. Temporairement, seuls les juifs se trouvant dans la Légion n'étaient pas obligés de se faire recenser. Il y avait 12 000 juifs dans la Légion étrangère, où oncle Paul se trouvait (du Luxembourg, mon père avait aussi écrit une lettre à la Légion mais il n'avait pas été accepté).

Un total de 149 734 personnes juives a été recensé dans le département de la Seine, dont 85 664 français et 64 070 étrangers. Sur les fiches familiales figuraient tous les membres d'une famille.[1]

Toute personne allant ainsi s'inscrire devait remplir un questionnaire qui était ensuite dactylographié par des fonctionnaires sur de petites fiches en papier cartonné de différentes couleurs. Pour nous, les étrangers, qu'elles soient grandes ou petites, elles étaient toutes blanches.

Vint ensuite le fichier individuel de la préfecture de police de la Seine demandé par Pucheu, Secrétaire d'État à

---

[1] Le fichier, Annette Kahn, Robert Laffont, 1993, p. 25.

l'Intérieur, le 29 juillet 1941. Ces fiches étaient également blanches pour les étrangers. Les fiches individuelles étaient frappées d'un « J » en haut à gauche et portaient le numéro du casier central de la préfecture de police. Ma mère y est inscrite en tant que femme de ménage. Toutes ces fiches étaient ensuite classées par adresse, nationalité et profession.

L'administration française remit les fiches et dossiers ainsi créés aux autorités allemandes. Ceci devint un outil inestimable pour les rafles et les crimes qui suivirent.

La première rafle eut lieu le 14 mai 1941. Des convocations furent envoyées aux hommes entre 18 et 60 ans de nationalité polonaise, tchécoslovaque et autrichienne.

Ce fut facile de faire le tri avec les fiches. Ainsi, 6 494 convocations furent rédigées et déposées par les gardiens de la paix dans les boîtes aux lettres des domiciles.[1] Beaucoup se présenteront, et ces quelque 3 747 hommes seront dirigés vers différents camps en France. Cette rafle est un préambule et une répétition pour celles qui suivirent.

Après les arrestations du 14 mai, les autorités allemandes et la préfecture de police de Paris organisent « une rafle en vraie grandeur, limitée au seul 11ème arrondissement de Paris ».[2] Cette rafle débute le 20 août 1941, mais comme le résultat des arrestations n'est pas suffisant, elle s'étend à d'autres quartiers jusqu'au 25 août. 4 230 hommes juifs sont arrêtés. En plus des camps d'internement déjà existants, le camp de Drancy est ouvert le 20 août 1941.

Paris entre lois raciales et restrictions (courant 1941-début 1942)

Les économies familiales diminuaient journellement et, sans papiers, de nos jours comme alors, la possibilité de travail était extrêmement restreinte. Ma mère aurait pu donner des cours de piano, d'allemand, peut-être même de psychologie infantile…elle

---

1 *ibid.*

2 La Rafle du Vel d'hiv, Maurice Rajsfus, P.U.F., 2002.

a dû par la force des choses aider une personne pour qui elle faisait l'intendance et le ménage. Ma mère était très malheureuse chez cette Mme Hermann, une juive allemande fortunée établie en France avant la guerre. Je voudrais souligner à ce sujet que l'idée répandue d'entraide chez les juifs est un mythe, car cette femme l'humiliait beaucoup. Le chemin à parcourir pour aller chez elle était inscrit sur le petit carnet d'adresses de ma mère. Il est lié à un moment intense.

La patronne habitait 7, Rond-Point du Pont Mirabeau, au métro Place Balard. Il fallait, pour y aller, changer à la Motte-Picquet Grenelle en direction d'Auteuil et sortir à Javel. Souffrant de cataractes inopérables à l'époque, ma grand-mère était très mal voyante. Et, immigrée depuis peu en France, elle parlait encore mal le français. Ayant pu bénéficier d'un peu de scolarité en France et possédant une bonne vue, je devins à la fois son guide et son interprète. Grand-mère voulant aller rencontrer maman au terme de sa journée de travail, nous prîmes le métro. Nous étions toutes deux affublées de notre étoile jaune, bien que toujours un peu dissimulée par un carré de soie ou une écharpe. La rame est arrivée à Javel et lorsque les portières du métro se sont ouvertes à la station, nous sommes sorties. Marchant sur une courte distance, puis montant les premières marches pour rejoindre le trottoir, je vis tout d'un coup des bottes tout en haut de l'escalier ! Cet uniforme nazi en haut de l'escalier contrôlant les voyageurs fut comme une apparition. Mon sang ne fit qu'un tour. D'un coup, j'eus l'instinct de saisir grand-mère par le bras pour fuir, et, courant vers le métro qui allait repartir, je réussis à en ouvrir les portières. Nous étions sauvées...mais la peur secouait encore tout mon corps.

C'est au métro Javel que j'ai vraiment compris le danger que nous courions dans un Paris dominé par les nazis. Dans cette toile tissée de pièges qu'était Paris sous les lois raciales, les contrôles d'identité étaient spontanés et aléatoires. J'ai été très marquée par cette course folle. Il m'arrive encore de me réveiller toute haletante d'avoir eu, une fois de plus dans un rêve, ces bottes et cet uniforme à mes trousses.

D'autres listes et fiches étaient préparées par d'autres administrations ministérielles : celles des cartes alimentaires, des cartes de tabac, de pain, de textile. Tout ce qui était rationné pendant la guerre. Je grandissais et il fallait me vêtir. Les tickets de textile étaient insuffisants. Ma mère devait continuellement rallonger robes et jupes, mais on ne pouvait le faire à l'infini ! Donc on mettait des bordures aux jupes, aux robes. Pour les utiliser le plus longtemps possible les sandales d'été, on coupait les lanières avant, les orteils dépassaient un peu… On devenait artisan, on fabriquait les choses soi-même. Les rideaux apportés dans les valises ont été transformés en nouveaux habits. Les manteaux se faisaient avec des couvertures. Ma mère tricotait très bien, elle aimait cela. J'ai récupéré par ma grand-mère tous les échantillons de motifs de lainages et tricots que ma mère avait faits. J'ai encore une robe brodée dans des doubles rideaux bleus, et une robe que maman s'était tricotée.

Ma mère voulut m'amener au spectacle. On donnait « Les Valses de Vienne » de Johann Strauss au Théâtre du Châtelet. Ce devait être un jeudi ou un samedi de la fin de 1941. Elle se faisait une joie. Bien que ce ne fut pas son genre de musique, puisque c'était de la musique légère, cela lui rappelait le passé. Cela aurait été une énorme déception pour ma mère que je ne puisse pas m'y rendre. Mais j'eus ce jour-là le seul fort rhume de l'hiver. C'était un tel effort d'avoir pris ces deux billets qu'elle me pria de l'accompagner quand même, ne voulant me laisser seule dans le studio si grand-mère l'avait accompagnée. J'y suis donc allée mais n'en ai retiré aucun plaisir. Je sentais la lourdeur de ce climat de restriction et de danger. J'avais l'impression qu'il était peut-être risqué de nous y rendre… De plus, cette œuvre n'était pas de mon âge, elle était d'une autre époque et ne m'attirait pas - je me forçais. J'en ai gardé un goût amer et ne suis plus jamais retournée au Châtelet.

Je me souviens d'un soir d'hiver où ma mère et moi rentrions à la maison. Ma mère était bien habillée - elle était très coquette -, avait mis une sorte de toque en tricot turquoise, des gants de laine et une écharpe assortis. Tout ceci sur un manteau noir. Il devait faire froid. Comme le Square du Temple était fermé, nous avons dû prendre le trottoir, sur lequel se trouvait un très gros tas de sable, sans doute destiné aux allées du square. Sans le voir dans la pénombre, nous avons buté dessus et nous nous sommes étalées de tout notre long sur cette butte, moi trouvant cela très drôle, ma mère non ! Après avoir épousseté nos habits, nous l'avons contourné à tâtons et sommes vite rentrées.

1942 (de janvier à juillet) : année noire

Le 20 janvier 1942 eut lieu la célèbre conférence de Wannsee, où fut concrétisée la « Solution finale du problème juif ». Eichmann organise les convois de déportation dans toute l'Europe vers les camps de concentration - les camps de la mort. Il sollicite les représentants nazis dans les territoires occupés pour exécuter des rafles et organiser des convois vers Auschwitz, ce camp étant prêt depuis le 26 mai 1940. Le 1er des convois de déportation de Drancy quitte la gare du Bourget-Drancy le 27 mars 1942 vers les camps d'extermination. Il était facile d'arrêter les juifs, surtout les étrangers, puisque selon la loi ils devaient s'inscrire au commissariat dès le 3 octobre 1940. Le fichier juif était donc constitué. Les lois antijuives se succédèrent en augmentant d'intensité : chaque mois, les restrictions se firent plus sentir.

Parmi celles-ci, vint le couvre-feu pour les juifs. En effet, la 6ème ordonnance du 7 février 1942, émanant des nazis et des français, fut de limiter, entre autres, les heures de sortie : « Il est interdit aux juifs d'être hors de leurs logements entre 20 et 6 heures ». « Il est interdit aux juifs de changer le lieu de leur résidence actuelle ».[1]

Ma mère m'avait bien expliqué la signification du couvre-feu. Il fallait être rentré chez soi avant vingt heures. J'avais ma montre et je devais obéir. Elle ne m'a jamais dit : « Si tu ne rentres pas, tu risques d'être emmenée. » Elle m'avait simplement fait

---

[1] Les Juifs sous l'occupation, Recueil de textes officiels français et allemands, 1940-1944, F.F.D.J.F., 1982.

comprendre que se promener dans Paris devenait de moins en moins possible. Je ne posais pas de questions à ce sujet parce que je sentais le danger. C'était dans l'air. Un danger, pourquoi ? Parce qu'étrangers, parce que juifs..? Je ne savais pas, je faisais un amalgame, mais je sentais qu'il ne fallait pas s'aventurer loin du nid au-delà de ces heures. Et pourtant l'insouciance de l'enfance reprit le dessus…

Une histoire qui jusqu'ici me rend mal à l'aise… Je suis allée - exceptionnellement - jouer chez une petite amie d'école. Cette camarade habitait juste à côté, rue Charlot. Je me souviens qu'elle avait un dessus de lit et une taie d'oreiller en tissu à motifs Mickey Mouse - ce fut ma découverte de Mickey, une rareté en France à l'époque ! Je ne sais pas si c'est pour cette raison ou parce que nous étions dans un jeu très intense, mais j'ai perdu la notion du temps. Je suis rentrée à la maison à 20h30 passées, trouvant ma mère affolée et en pleurs et grand-mère très en colère. Ma mère était comme paralysée par la douleur, ne faisant que pleurer, ce qui m'a rendue très triste. Je n'ai pas ressenti la fessée que ma grand-mère m'a donnée avec un parapluie qui se trouvait derrière la porte. C'était une fessée vraiment méritée. Je crois que c'est la seule que je reçus.

L'étau se resserre pour les juifs

8ème ordonnance concernant les mesures contre les Juifs, 29 mai 1942, en vigueur le 7 juin 1942 :

I. Il est interdit aux Juifs, dès l'âge de six ans révolus, de paraître en public sans porter l'étoile juive.

II. L'étoile juive est une étoile à six pointes ayant les dimensions de la paume d'une main et les contours noirs. Elle est en tissu jaune et porte, en caractères noirs, l'inscription « Juif ». Elle devra être portée bien visiblement sur le côté gauche de la poitrine, solidement cousue sur le vêtement.

J'ai plus de six ans, je dois porter « l'étoile juive ». Jusqu'ici, la population française en général était indifférente au sort que les lois raciales réservaient aux juifs. Elle était préoccupée par les difficultés du quotidien, le ravitaillement, les prisonniers de guerre, la présence des troupes d'occupation. Son comportement changea lorsqu'elle nous vit affublés de cette étoile jaune sur laquelle était imprimé « JUIF ». Certains Français non-juifs allèrent jusqu'à en porter une similaire sur laquelle on pouvait lire « GOY » ou « AUVERGNAT » ou encore « SWING ». Ces derniers furent arrêtés et internés à Drancy quelques semaines.[1]

Mère et grand-mère suivirent la loi. Elles portèrent cette marque distinctive sur tous les vêtements, en permanence. Il fallait les acheter au nombre de trois, et en plus les échanger contre un point de rationnement de textile ![2] Pour des raisons pratiques, ma mère cousit chaque étoile de la famille sur une doublure, en fixant des boutons pressions sur certaines branches. Ainsi l'étoile pouvait s'adapter sur tous les habits. Je n'exposais ni ne cachais mon étoile. Je la dissimulais sous un foulard, ou bien je retournais le côté où elle était cousue, si elle était sur un col ou un revers. De cette sorte, si j'étais arrêtée, on ne pouvait me reprocher de ne pas la porter. Si je voyais de loin la gestapo ou la police française arriver, je la mettais en évidence. Car pendant la guerre nous avions une vision à 360 degrés et des antennes sur la tête et dans le dos ! Je sentais que si je contrevenais à cet ordre, on allait m'emmener vers une destination - et un destin - qui m'arracherait à ma mère et me faisait peur. J'avais peur en permanence. Une peur qui avait sa source dans la réalité.

De cette période datent les rêves récurrents de poursuite par un nazi en uniforme qui me cherche et me suit dans les rues de Paris ou d'une autre ville. Des voitures garées le long des trottoirs. Je suis en robe de chambre, et celle-ci s'accroche aux pare-chocs des voitures. Je suis haletante et au dernier moment ma robe de chambre se décroche et je

---

[1] Les Juifs pendant l'occupation, André Kaspi, Seuil, 1991 et 1997, p. 110.

[2] L'Etoile des juifs, Serge Klarsfeld, l'Archipel, 1992.

peux à nouveau courir avec cet être en uniforme à mes trousses.

Un autre rêve. Je suis dans une très grande chambre bordée de miroirs et je dois me cacher. Dans un coin de cette pièce, un homme dans ce même uniforme avec bottes et brassard nazis… Impossible de me cacher, des miroirs partout… Je suis traquée et me cache puis me réveille hors d'haleine et le cœur battant. Ces rêves sont peu colorés, à part le vert-de-gris de l'uniforme et le rouge du brassard nazi.

Puis parut la 9ème ordonnance nazie, du 8 juillet 1942, qui élargit les interdictions et stipula que les juifs n'étaient pas autorisés à fréquenter les établissements de spectacle et cinéma, terrains de sport, jardins et bois, magasins (grands ou de détail), ne pouvaient faire leurs achats que de 15 à 16 heures, étaient interdits de marché à toute heure, et ainsi de suite - la liste est longue. Ils n'avaient en outre le droit de voyager que dans la dernière voiture du métro. Non seulement les juifs n'avaient plus le droit d'être dehors le soir, mais en plus ils étaient exclus des lieux publics en général. Il fallait être enfermé chez soi.

Un jour, la montre de ma mère au fidèle mécanisme s'est interrompue brusquement. Il était évidemment impensable de la faire réparer. Je crois que, profondément, ma mère a vécu cela comme un mauvais présage. Tant il est vrai qu'une montre dont on dépend quotidiennement, on vit son arrêt comme une trahison.

Lorsqu'elle a été prise le 16 juillet, ma mère a pris tous ses bijoux, mais a laissé sa montre derrière elle. Elle devait penser qu'elle pourrait monnayer ses bijoux là où elle allait… Elle prit en particulier sa très belle bague de fiançailles, un rubis serti de diamants qui évidemment est à tout jamais perdu. Car les biens que les déportés ont emmenés avec eux à Drancy et Auschwitz lors de cette rafle-là n'ont pas été répertoriés par les nazis, contrairement aux rafles suivantes.

Je me souviens de cette bague car elle avait toujours attiré mon regard.

La « Solution finale »

La préparation de la grande rafle des 16 et 17 juillet 1942

Le 11 juin 1942, Eichmann prévoit un total de 100 000 juifs de France à déporter vers l'est. Trains, bus, policiers : tout est mis en place pour atteindre cet objectif.

Le 9 juillet, le délégué du secrétaire à la police donne les instructions : « arrestation et rassemblement en vue d'un transfert de 22 000 juifs des deux sexes, âgés de 15 à 50 ans, et appartenant aux nationalités suivantes : allemande, autrichienne, polonaise, tchécoslovaque, russe (blancs et rouges), apatrides. Seront exemptés des mesures envisagées les juifs ayant un conjoint aryen, les mères allaitant leurs enfants, les femmes en état de grossesse avancée. »[1]

Ces instructions seront modifiées par la suite par d'autres fonctionnaires de Vichy ainsi que par les nazis eux-mêmes. Les enfants de moins de 16 ans seront compris dans les arrestations et l'âge sera porté à 55 ans pour les femmes et 60 ans pour les hommes.

Laval écrit aux autorités nazies que la question des enfants qui resteraient en zone occupée ne l'« intéresse » pas.[2] Par ailleurs, « parmi les enfants de moins de 15 ans inscrits sur la fiche de leurs parents, certains peuvent ne pas avoir été arrêtés ».[3]

Le 16 juillet, débute ce que l'on appelle aujourd'hui « la grande rafle » ou « la rafle du Vel d'Hiv' ». Elle se termine le lendemain.

La police française municipale, sous la direction d'Emile Hennequin, voulut faire du zèle et arrêta aussi les vieillards et

---

[1] Vichy-Auschwitz I, Serge Klarsfeld, Fayard, 1983, p. 242.

[2] La Rafle du Vel d'Hiv, Maurice Rajsfus, P.U.F., 2002.

[3] Le Fichier juif, René Rémond, 1996, Plon, 1996, p. 34.

les enfants de moins de 16 ans. Plus de 4 000 enfants de moins de 15 ans furent arrêtés pendant les deux journées de rafles.[1] Par miracle mon nom n'était pas sur la liste le 16 juillet !

De fait, il semblerait qu'il y eut plusieurs interprétations ce 16 juillet 1942 concernant l'âge des enfants. Il devait y avoir une confusion de liste, car d'après la directive de Hennequin, les personnes de plus de 65 ans et de moins de 16 ans étaient aussi « à saisir ».

Pour « mener à bien » cette sordide tâche, on estime que furent mobilisés 9 000 policiers, gendarmes, gardes mobiles français et autres auxiliaires. La police à elle seule était composée de 2 744 policiers et 1 916 hommes supplémentaires : 4 660 hommes. Les gendarmes surveillaient les convois et utilisèrent le fichier de la préfecture pour arrêter les personnes.[2] Un total de presque 76 000 juifs de France fut déporté dans les camps de concentration par les nazis et leurs collaborateurs français. 3 000 seulement ne furent pas massacrés et revinrent… Le bilan final, au 21 juillet, des personnes arrêtées pendant ces journées de rafles fut de 13 152 âmes. 3 118 hommes, 5 919 femmes et 4 115 enfants.[3]

Hélas, oui ! Ma mère et ma grand-mère connaissaient les rumeurs selon lesquelles il y avait des camps d'internement ou de travail en Pologne, mais je pense qu'elles n'osaient croire à l'innommable. Nous étions donc prévenues, mais totalement démunies. Ne connaissant personne, nous ne savions où aller. La riche Mme Hermann, chez laquelle ma mère travaillait, comme beaucoup de juifs aisés, ne s'occupait que d'elle-même. Nous n'étions en France que depuis deux ans, n'avions pas d'amis. De plus, les juifs allemands de longue date, si bien intégrés dans la société

---

[1] La Grande rafle du Vel d'Hiv, Claude Lévy et Paul Tillard, Robert. Laffont, 1992 ; La Rafle du Vel d'Hiv, Maurice Rajsfus, P.U.F., 2002.

[2] L'occupation allemande en France, Jean Defrasne, P.U.F., 1985.

[3] La Rafle du Vel d'Hiv, Maurice Rajsfus, P.U.F., 2002, p. 52.

allemande (comme les juifs français), n'étaient pas du tout appréciés par les juifs de l'est, présents en plus grand nombre à Paris. De ce fait, nous ne faisions partie d'aucune communauté, ne bénéficions de presque aucune aide.

VIII - La rafle, le jeudi 16 juillet 1942

Huit heures du matin. Deux hommes en imperméable beige frappent à la porte de notre meublé rue Caffarelli. Nous sommes debout, levées tôt avec la lumière d'été. Ma mère ouvre.

Deux hommes français en civil dans l'embrasure de la porte entrent sur un acquiescement de ma mère. L'un d'eux a une feuille de papier dans la main qui vraisemblablement est une liste de noms. Il n'appelle que le nom de ma mère : « *Alice Deichmann* ». Ma mère répond que c'est bien elle. Il lui dit de prendre ses affaires. L'autre homme sourit en évitant mon regard et en se tournant vers l'arrière de la porte où sont pendus des habits derrière des rideaux. Aucune émotion ne se traduit sur leur visage.

Du fait de rumeurs de rafle, nous étions toutes trois préparées à l'idée d'être internées, dans des camps de travail peut-être. Nos valises étaient presque prêtes, contenant l'essentiel, il n'y avait plus qu'à y ajouter quelques effets. Cela témoigne de notre état d'esprit : prêtes à être emmenées, comme des animaux dociles, dans une situation sans issue. Nous ne savions plus où aller : désargentées, sans famille, sans amis. Trois générations prises au piège - la grand-mère, la mère et la petite-fille.

Ma mère ferme sa valise qu'elle a prise sous le lit. Je me souviens d'avoir hurlé : « *Maman, je veux aller avec toi !!!* »

Les hommes me disent que mon nom n'est pas sur la liste. Je supplie pour qu'ils m'emmènent aussi. Ma mère est blême, elle ne dit que « *ma chérie* » ou « *ma chérie sois sage* ». Elle m'embrasse. Puis elle part encadrée par eux.

Je n'étais pas sur leur liste, et ma grand-mère non plus. Grand-mère était âgée de 62 ans et moi de neuf ans et demi…

L'âge des personnes à arrêter était établi entre 15 et 55 ans pour les femmes et entre 15 et 60 ans pour les hommes. Comme mentionné, le sort à réserver aux enfants de moins de 15 ans n'était pas clair lors de la rafle du 16 juillet. Certains ne se trouvèrent pas sur les listes, d'autres si. Ces deux hommes ont-ils eu un moment de faiblesse ?

L'arrestation de ma mère a duré une quinzaine de minutes. Grand-mère et moi sommes restées seules. Grand-mère, si forte, était effondrée…

J'ai beaucoup pleuré quand ma mère est sortie. J'ai crié « *Maman !! Maman !!* » Puis j'ai eu peur, j'ai voulu me cacher. Cependant, j'étais soulagée de pouvoir rester dans la chambre. J'ai eu - ce qui me trouble encore aujourd'hui - un sentiment d'être heureuse de ne pas être sur la liste. Je voulais être avec ma mère mais je sentais le soulagement de ne pas avoir été prise, de ne pas aller vers ce destin inconnu.

S'est formé à cet instant un sentiment de culpabilité lourd à porter : ma mère a été capturée, et pas moi. Je ne peux que vivre avec ce sentiment, je ne peux l'extirper de moi. J'aurais dû mourir aussi dans les chambres à gaz, nous aurions dû y mourir ensemble…et je suis toujours là.

L'enfance, l'innocence et surtout un fort instinct de survie ont repris le dessus.

Ma mère, c'était mon tout. Au regard des circonstances, elle était aussi ma mémoire, à travers tous ces changements de lieux, ces déchirures. Elle était dans ma bulle, nous avions une relation très forte. En même temps, j'étais très indépendante et souvent désobéissante : normalement structurée ! Mais si à l'école on avait dit « *La terre est ronde* » et qu'elle avait dit « *La terre est carrée* », c'est elle que j'aurais cru.

Elle était la douceur, les arts, le savoir. Mon monde s'est écroulé en ce jour de ténèbres…

IX - Drancy

Le destin de ma mère

Une fois la porte franchie, ma maman descendit l'escalier et fut emmenée à l'autobus qui attendait à un endroit déterminé dans l'arrondissement toutes les personnes ainsi prises dans la nasse. Une cinquantaine d'autobus de la Compagnie du Métropolitain avait été retenue par les autorités françaises lors de la planification de la rafle. Les familles avec enfants de moins de 15 ans étaient ensuite dirigées vers le Vel d'Hiv, dans le XVème arrondissement à Paris. Les personnes sans enfants allèrent à Drancy.

Tous les juifs ainsi arrêtés le furent « grâce » au fichier initial de recensement du 3 octobre 1940. Chaque personne avait donc une fiche basée sur ce premier fichier et sur laquelle devait être indiqué « pour faciliter le contrôle », la mention « *Drancy* » ou « *Vélodrome d'Hiver* ».[1]

Ma mère fut ainsi emmenée en bus à Drancy le 16 juillet 1942.

Le camp de Drancy, une ville de banlieue proche de Paris, fut installé dans un quartier d'habitation, de futures HBM, « habitations bon marché ». Le grand bâtiment en forme de fer à cheval n'était pas achevé lorsque la guerre fut déclarée. Il devint un camp d'internement en 1941, gardé par les gendarmes français. Ce camp d'internement devint très vite un camp de transit. Des 76 000 déportés de France vers les camps de la mort, 67 000 transitèrent par Drancy.

Les conditions de « vie » à Drancy étaient épouvantables. Des 11 363 juifs arrêtés le 16 juillet, 6 000 y furent internés

---

[1] La Rafle du Vel d'Hiv, Maurice Rajsfus, P.U.F., 2002, p. 111.

par une chaleur torride. Entassés par 70 à 80 dans les chambres, dormant à terre ou sur des paillasses. L'alimentation était très insuffisante. Les rares toilettes qui fonctionnaient se bouchèrent vite. Les conditions d'hygiène devinrent exécrables, voire inexistantes. Ceci s'ajoutant à l'inquiétude ressentie par les internés à chaque instant, concernant leur sort et celui de leur famille.

Le règlement du camp était seulement « adouci »[1] par l'autorisation d'écrire et recevoir deux cartes par mois et un colis une fois par semaine. Ma mère, qui y séjourna du 16 au 29 juillet, nous écrivit deux cartes. En français pour passer le contrôle.

Dans la 1ère carte, datée du 21 juillet, six jours après son arrivée, elle se dit heureuse de pouvoir nous écrire et nous demande d'envoyer un colis avec une assiette incassable ainsi que quelques effets personnels. Mais pas de nourriture. Bien que l'alimentation à Drancy était bien en dessous des quantités requises pour vivre, elle avait peur de nous priver. Sur l'enveloppe, l'adresse de ma mère était « *Mme Alice Deichmann, Block II, Esc. 8, chambre 9, Drancy/Seine.* » Grand-mère lui a répondu sur des « cartes interzone » et envoyé un colis.

La 2nde carte, envoyée le 28 juillet, angoissante mais infiniment courageuse, nous fait part de son départ imminent. « *Demain nous partons - peut-être chez tante Jenny, on ne sait rien.* » Ceci voulait dire un camp de travail - croyait-elle peut-être - ou d'extermination - en réalité - vers l'est, vers lequel cette tante avait été déportée. Et de laquelle nous étions sans nouvelles. Ma mère remercie grand-mère pour le colis et lui renvoie un colis avec des effets qu'elle juge inutiles. Puis elle essaye de nous rassurer et nous dit au revoir…nous nous reverrions.

Cette carte est le dernier signe de vie de ma mère, daté du 28 juillet 1942. Elle avait 39 ans. Tragique correspondance

---

1 Les Juifs pendant l'occupation, André Kaspi, Seuil, 1991 et 1997, p. 268.

lorsque l'on connaît la fin de ma mère. Elle essayait de nous rassurer. Je ne l'ai lue qu'après la guerre.

Les cartes étaient toutes deux adressées à ma grand-mère à notre adresse rue Caffarelli. Les deux fois, ma mère nous demanda de saluer Mme Sontag, la concierge de l'immeuble, et nous demanda de lui montrer la 1ère carte de Drancy. Cette dame avait la confiance de ma mère, mais pas la mienne ! Je n'ai pas bon souvenir d'elle, j'ai toujours pensé qu'elle était pro nazi. Mais jusqu'à ce jour je ne sais par qui ni comment cette correspondance est parvenue à ma grand-mère. Car dès le lendemain de l'arrestation de ma mère, grand-mère et moi-même sommes entrées dans la clandestinité. Aidées par un homme, une connaissance de grand-mère, nous avons été cachées séparément chez des particuliers.

Du côté de Drancy…

Dès qu'un train est disponible, 1 000 détenus sont rassemblés la veille du départ. Le 28 juillet, ma mère et ses compagnons d'infortune sont séparés du reste du camp. Ils se préparent pour le départ, le lendemain de très bonne heure. Ils sont fouillés et dépouillés de leurs bijoux, de leur argent et autres objets de valeur. Ils sont ensuite entassés dans des chambres par 70-80 dans une autre partie du camp.

Le 29 juillet 1942 à 8 heures 35, la Kommandantur d'Auschwitz est avertie du départ imminent du convoi numéro 12. Ma mère et les autres détenus sont emmenés de nouveau par autobus du camp de Drancy jusqu'à la gare du Bourget. Où un train les attend, un train de wagons à bestiaux pouvant transporter mille personnes.

Le convoi numéro 12 du 29 juillet était composé de 270 hommes et 730 femmes. Il est parti à 8 heures 55 précises d'après les archives et le télex rédigé par les nazis et envoyé à Berlin. La majorité des déportés avait entre 36 et 54 ans. Ma mère était parmi les plus jeunes, elle avait 39 ans. Elle était la seule Allemande.

Elle a ensuite subi le supplice du voyage. Une cinquantaine de personnes entassées dans chaque wagon.

Debout, serrées les unes contre les autres. Si elles ont de maigres bagages, elles sont parfois appuyées dessus. Une chaleur torride. Plus d'eau, pas d'air dans les wagons. Et ce pendant 60 heures !

Ma mère arriva à Auschwitz le 31 juillet 1942.

Nous avons utilisé les sources suivantes : Le Calendrier, Serge Klarsfeld, Fils et filles de déportés juifs de France - F.F.D.J.F., 1993 ; Les Juifs pendant l'occupation, André Kaspi, Seuil, 1991 et 1997 ; La Grande rafle du Vel d'Hiv, Claude Lévy et Paul Tillard, Robert Laffont, 1992 ; Vichy-Auschwitz I, Serge Klarsfeld, Fayard, 1983.

X - Auschwitz

En descendant du convoi numéro 12, en ce 31 juillet 1942, les déportés étaient séparés en deux colonnes par les nazis : ceux qui semblaient aptes au travail et ceux qui semblaient inaptes au travail, donc à la vie.

À leur arrivée ce jour-là, 270 hommes et 514 femmes ont été choisis pour le travail et immatriculés par un numéro tatoué sur leur bras.[1] 216 femmes non immatriculées ont été dirigées immédiatement vers la chambre à gaz pour être gazées. L'une d'elles était ma mère.

Les SS et leurs sbires leur faisaient croire qu'elles allaient prendre une douche. Une serviette et du savon leur étaient donnés et elles étaient dirigées vers les cabines de douche. Lorsque la porte se refermait sur elles, les boîtes de gaz ziklon B étaient ouvertes et le gaz mortel se répandait dans le baraquement. J'ai longtemps pensé que cette mort atroce était instantanée. Hélas non ! L'agonie pouvait durer de dix à quinze minutes, une éternité. Cette pensée m'obsède. Ma douleur est immense. Pendant ces longues minutes, les personnes étouffaient. Le gaz étant en bas, les personnes se bousculaient, montaient les unes sur les autres pour essayer d'avoir de l'oxygène.

Par moments, j'essaie de raisonner et de penser que ma maman a sans doute échappé à un destin encore plus dur car seulement 5 personnes sur les 1 000 du convoi numéro 12 sont rentrées en 1945. Aucune femme. La probabilité d'une survie à cet enfer était fort mince. Est-ce que des souffrances atroces et plus longues lui ont été épargnées par la chambre

---

[1] Le Calendrier, Serge Klarsfeld, F.F.D.J.F., 1993, p. 378.

à gaz d'emblée, puisque si peu de personnes de ce convoi ont survécu ?

J'essaie de revivre les derniers moments de ma mère, de penser au supplice de sa mise à mort. Pourquoi la mort à l'arrivée pour elle ? Elle était en très bonne santé avant la rafle. Que s'est-il passé pour qu'elle soit déclarée inapte pour le travail à 39 ans ? Avait-elle contracté la dysenterie à Drancy, ou une autre maladie ? Ses lettres de Drancy étaient écrites avec son écriture habituelle, en apparence pas celle d'une malade…

Entassée avec d'autres dans un wagon, parfois je m'imagine qu'elle est morte à bord de ce train, d'où l'on aurait sorti son corps… Mais bien plus probablement elle a été dirigée vers la chambre à gaz.

Une chose dont je suis sûre et qui explique peut-être cette mise à mort d'emblée, c'est que les nazis voulaient d'abord éliminer les juifs allemands, qui selon eux étaient « les pires ».

Je n'aurai jamais de réponses plus précises. Ma mère est morte ce jour-là.

XI - L'Errance

Dans la fin de l'après-midi qui a suivi la rafle de ma mère, un ami de ma grand-mère est venu nous avertir du danger imminent.

C'était un juif allemand, un homme aux cheveux gris blancs, qui vivait peut-être en France depuis longtemps et était impliqué dans le réseau de sauvetage des juifs et de secours aux étrangers. (Il faisait sans doute parti du Comité d'Assistance aux Réfugiés, le CAR, une organisation fondée en 1936 pour venir en aide aux juifs allemands).

Il est venu nous dire que nous ne pouvions absolument pas rester là. Il devait être au courant des détails des rafles qui étaient planifiées les 16 et 17 juillet. Il insista pour que nous quittions notre studio le jour-même. Sinon nous serions raflées le lendemain, disait-il. Il avait trouvé deux cachettes pour grand-mère et moi-même. Je n'ai jamais revu cet homme.

Nous prîmes ce que ma mère avait laissé et nos effets personnels, soit pas grand chose (et du reste de nos affaires rue Caffarelli nous n'avons bien sûr rien retrouvé). Quelques habits et objets de valeur. Nous partîmes chacune avec notre valise dans deux directions différentes.

À partir de ce jour, je n'ai plus jamais porté l'étoile jaune, que je détestais, comme tous les juifs. Je n'ai jamais changé de nom pendant toute mon errance. Personne ne m'a recommandé ou demandé de changer d'identité ou de m'inventer une histoire. Si la gestapo me contrôlait, cela signifiait la déportation et la mort.

Alors qu'au début de la promulgation des lois antijuives, les français étaient restés passifs, ou bien carrément délateurs et collaborateurs, un mouvement de résistance clandestin se créa dans la population française lors de la loi exigeant le port de l'étoile. Les gens étaient surtout horrifiés et apitoyés par la rafle des femmes et des enfants. Certains rares hommes d'église catholiques, comme Monseigneur Saliège de Toulouse, plus encore des hommes de temple protestants, ont appelé ouvertement à la solidarité avec les juifs. Et les mouvements juifs ont agi quand ils pouvaient le faire. De simples individus à des villages entiers ont aidé les juifs à se cacher et à se nourrir, tels Le Chambon-sur-Lignon, sur les conseils du Pasteur Trocmé et sa femme. Ou encore Alice Ferrières, instigatrice d'un réseau de sauvetage en Midi-Pyrénées. D'autres encore formèrent des associations d'entraide religieuses ou laïques, qui permirent de sauver des enfants. Comme « L'Entraide temporaire », une association de sauvetage d'enfants juifs qui permettra de sauver 500 enfants en région parisienne, notamment grâce à Denise et Fred Milhaud.

Il y eut enfin les Eclaireurs Israélites de France (E.I.) et l'U.G.I.F. (Union Générale des Israélites de France). Malheureusement cette dernière était sous contrôle de Vichy donc à double tranchant…[1] Lequel de ces réseaux nous guida, avec grand-mère, vers l'un de nos havres de « grâce » et de survie, je ne sais pas !

Grand-mère a été cachée chez une dame alsacienne à Vanves. Cette dame faisait des affaires avec les Allemands. Grand-mère a passé la période de juillet 1942 à août 1944, la libération de Paris, avec elle. Elle l'aidait dans sa maison et ses affaires. Grand-mère n'a jamais dit du mal d'elle, à part qu'elle faisait du marché noir avec les Allemands, ce qui était contre ses principes. Mais là encore, c'était une question de vie ou de mort. Grand-mère racontait souvent qu'elle ne se cachait pas de certains soldats allemands car la femme la

---

[1] Journal, Hélène Berr, Tallandier, 2008 ; Chère Mademoiselle, Patrick Cabanel, Calmann-Lévy, 2010 ; Traqués, Cachés, Vivants, Collectif, L'Harmattan, 2004

faisait passer pour un membre de sa famille. Je sais que grand-mère discutait avec certains soldats, pas les nazis mais des soldats de la wehrmacht. Cette femme avait la faveur des troupes d'occupation allemandes, et qui plus est grand-mère n'était vraiment pas « typée », alors que la population était abreuvée d'images « descriptives ». Elle utilisait peut-être son nom de jeune fille, Bock, nom médiéval allemand, se composant une histoire personnelle avec l'accord de cette femme.

Quant à moi, je suis restée à Paris jusqu'au début 1943. À cette période, j'ai perdu la notion du temps, tout était comme suspendu. Il n'y avait pas école, il n'y avait plus ma mère, je ne savais plus quel jour on était. Je ne sortais presque jamais.

Je me suis d'abord retrouvée dans une famille de jeunes (du moins j'avais l'impression qu'ils étaient plus jeunes que ma mère). Je n'y suis pas restée longtemps, peut-être une semaine… Puis j'ai été chez des gens adorables, très gentils avec moi. Je ne me souviens plus du physique de ce jeune couple, seulement du fait que leur appartement était sombre et que j'ai dormi sur deux chaises mises bout à bout. J'en garde le souvenir de l'inconfort. Ces deux premiers lieux n'étaient pas loin de la rue Caffarelli.

Juste avant ou juste après, j'ai fait un court séjour dans une colonie de vacances ou un centre d'enfants, non loin de Paris… Mon estomac était plein de nœuds ! J'avais lié amitié avec une autre petite fille dont j'ai oublié les contours, ma seule camarade furtive de cette période, et qui avait aussi très faim. Nous allions dans les fossés cueillir les fruits des prunelliers qui formaient les haies des champs. La prunelle est très amère mais devient meilleure après les premières gelées. Elles ont un peu calé mes crampes d'estomac.

Puis j'ai été déplacée et ai atterri au 4 rue Balzac dans le 8ème, chez une modiste. J'y ai travaillé comme livreuse de chapeaux ou de chaussures. Ce devait être en septembre

1942. Il ne faisait pas froid puisque je portais encore des robes d'été. Je n'avais pas encore dix ans.

Cette femme, Renée Martin, avait racheté le commerce de Fanny Berger, de son vrai nom Odette Bernstein, qui fut contrainte de le céder à un prix dérisoire du fait des lois antijuives d'aryanisation et de spoliation des biens juifs. Comme en Allemagne en 1934, la loi du 2 juin 1941 et le décret du 28 juillet 1941 interdisaient aux juifs d'exercer une profession libérale et de posséder un commerce ou une entreprise. Tout d'abord un « administrateur provisoire » du bien était assigné pour établir une comptabilité et une estimation. Ensuite le bien était vendu à son plus bas prix ou au plus offrant. Renée Martin a ainsi racheté l'entreprise pour 7 000 francs, somme ridiculement basse ![1] Cette femme était rude et dure. Elle avait un compagnon juif qui était parti ou s'était caché. Je ne l'ai jamais rencontré.

L'appartement de Fanny Berger comprenait l'atelier, dont je ne me souviens pas, et surtout son show-room. La partie habitation et le grand salon-showroom étaient luxueux, ornés de satins beiges et rosés, avec de très beaux meubles. Il y avait une entrée, une grande chambre à coucher et une autre petite chambre dans laquelle je dormais. Une grande cuisine, une salle de bains et des WC complétaient l'appartement. Je suis restée environ 5 ou 6 semaines chez cette femme. Elle a continué la fabrication de chapeaux. Elle avait aussi une représentation de chaussures. C'était la mode des talons compensés. Ma mère n'en portait pas, et j'avais sans doute déjà un peu les préjugés de ma grand-mère. Je me demandais comment on pouvait marcher sur des échasses comme ça, je ne devais pas penser que c'était pour femmes très bien !

Les clients venaient, étaient conduits dans le showroom, je n'en apercevais que des silhouettes, je n'avais évidemment pas le droit de me montrer. La modiste sortait souvent dans

---

[1] « Assassinat d'une modiste », un film documentaire de Catherine Bernstein, coproduction ARTE France, IO Production (2005).

la journée vendre sa marchandise. Le téléphone sonnait et j'avais ordre de ne pas répondre. Il y avait un aveugle à l'étage du dessus. Avec sa canne blanche il tapait, y compris sur la porte d'entrée. J'étais pétrifiée par la peur.

Je vaquais d'une pièce à l'autre avec une petite valise noire. Hormis mes quelques habits, celle-ci contenait une poupée. Seul objet me liant à mon monde antérieur, à ma mère. J'avais dû la choisir avec soin parmi d'autres. Or cette femme me défendait de jouer pendant la journée - « Laisse ta poupée, tu vas pas jouer, on a autre chose à faire ! »

La nourriture à Paris n'était pas équilibrée. La digestion m'était difficile et elle écoutait ce que je faisais. Quand je passais cinq minutes de trop aux toilettes, elle me faisait des reproches : « Pourquoi restes-tu si longtemps aux WC ? ». C'était humiliant.

Elle me parlait durement : « Va chercher ci, fais ça ! » Je devais faire les courses, notamment le pain et le lait, mais surtout livrer des chapeaux. Un jour, j'avais ordre d'aller chercher le lait, et je me suis échappée. C'est la seule cachette dont je me suis évadée, la seule expérience de souffrance de toute cette errance. J'ai réagi car j'y étais vraiment incitée : c'était comme si cette modiste me donnait des coups, mentalement. Je prenais un grand risque en m'échappant. Je ne réalisais pas pleinement le danger encouru.

Avec l'argent du lait, j'ai pris le métro pour retourner chez une chapelière. Je la connaissais pour avoir fait une ou deux livraisons chez elle. Elle avait un magasin rue du Faubourg saint Antoine, tout près du métro saint Paul.

Sans doute a-t-elle eu pitié de moi. C'était la 1ère femme qui me touchait depuis le départ de ma mère. Elle était très gentille avec moi et je l'aimais bien, j'avais un sentiment filial envers elle. Son mari était juif et avait été raflé. D'emblée, je lui fis confiance et la suppliai de me garder. Elle me dit : « Je te prends à la maison ce soir mais je ne peux te garder. » Cette situation était effectivement aussi dangereuse pour elle que pour moi.

Je n'avais pas d'affaires à part ce que je portais sur moi. Je suis arrivée dans sa maison en banlieue, assez loin…j'ai cru que c'était le paradis. C'était une maison à étages, isolée, le long d'un grand champ. Elle avait une fille plus jeune que moi. Pas loin de cette maison on entendait les trains qui passaient. Je ne suis restée qu'un ou deux jours chez elle.

La nuit, endormie ou réveillée, au crépuscule, j'ai entendu au loin un train, et plus près un chien qui aboyait. Sur ces deux sons couplés s'est fixée la sensation d'être à la fois bien, mais que cela n'allait pas durer… Un sentiment de bien-être et de sécurité terriblement éphémère. Je savais qu'il fallait que je quitte cette situation pour un avenir incertain. Encore aujourd'hui, en entendant un train ou un chien au loin, je repense à cet instant.

Longtemps après, j'ai recherché cette femme, en vain. Son magasin n'existe plus.

Après mon court séjour chez la chapelière, j'ai dû retourner chez la modiste. Elle m'a disputée, injuriée : « Tu es idiote, tu es comme un âne. Tu es si bête de t'être échappée ! ». J'ai pleuré. J'ai dû lui dire pardon. Elle a eu la bonne idée de me punir en ne me reprenant pas !

Une assistante sociale d'un réseau de secours vint me chercher rue Balzac. Elle m'emmena chez elle à Saint-Maur, dans une très belle maison bourgeoise avec des allées de gravillon. Un endroit très impressionnant. Sur le perron, la mère de l'assistante sociale et sa belle-sœur, une femme très belle et d'une bonté inouïe… Mon cerveau a gravé une photo de cet accueil mémorable ! J'y suis restée deux jours, le temps que la travailleuse sociale me trouve un autre lieu. J'aurais voulu rester avec elle dans cette sorte de château. Je n'avais jamais été dans un domaine pareil, ni en contact avec une femme si éblouissante.

Par l'entremise de l'assistante sociale, j'ai été accueillie à Créteil dans un pavillon de banlieue. Un gentil couple de retraités gardait sa petite-fille, qui avait mon âge. Nous jouions beaucoup ensemble. Il y avait un grand jardin très bien entretenu, pavé, avec un parterre d'herbes aromatiques, bordé de pierres, que nous goûtions. J'ai encore le goût de l'oseille en bouche. À cette époque, quelques fermes se trouvaient encore sur ce territoire, tout près de Créteil. J'étais souvent chargée de prendre la « berthe » pour aller chercher le lait après la traite des vaches en fin d'après-midi ou au crépuscule. La petite fille venait très rarement avec moi. Je n'avais pas peur de la nuit tombante et prenais un raccourci en traversant un petit cimetière. Un soir, dans l'air encore chaud d'une fin d'été, aucun éclairage public ne polluant la luminosité, je vis comme des petites flammes bleues spontanées sortir de terre à quelques endroits dans le cimetière. Puis disparaissant très vite. Je n'ai raconté cet événement à personne, de peur que l'on se moque de moi. C'est beaucoup plus tard que j'ai compris le phénomène d'émanation du méthane provenant de la matière organique en décomposition. J'ai repensé à ma solitude d'enfant.

En tous cas, là encore, je n'arrivais pas à manger à ma faim et le couple n'a pas pu me garder, sans doute à cause du manque de nourriture. Peut-être aussi car la charge d'une enfant supplémentaire était trop lourde. J'ai dû y rester un mois.

Chaque séjour était de courte durée : d'une nuit à un mois. J'ai beaucoup entendu « On voudrait faire plus mais on ne peut pas. » Tous ces gens étaient adorables avec moi mais ne pouvaient me garder- ils avaient peur d'être dénoncés. C'était comme une chaîne d'entraide humaine chaleureuse, qui fut seulement discontinuée par la modiste. Traquée, on me changeait d'endroit. Lorsque certains liens d'amitié et de bien-être s'étaient tissés, de nouveau il fallait que je parte, de nouveau une déchirure !

Durant ces 7 à 8 mois, j'étais dans un état second, désemparée. Comme un bateau à la dérive, sans le gouvernail qu'était ma mère. J'allais de lieu en lieu, comme un objet trimballé, un animal dont la tête est rentrée dans sa coquille. Certains lieux ne m'ont pas du tout marquée, c'était trop court. Je réalisais que c'était dangereux, courageux et illégal de me cacher. Mais c'était comme anonyme, je n'avais pas de contact assez durable avec ces personnes pour tisser un lien. Il y en avait beaucoup, j'en ai oublié beaucoup, trop traumatisée. Je me cachais et ne posais pas de questions.

J'ai su après que certaines de ces personnes recevaient une allocation financière, que pour d'autres c'était entièrement bénévole. Que certains, peu nombreux, abusaient des enfants dont ils avaient la garde. Si j'ai rencontré une « marâtre » dans l'une de mes cachettes, tous, sans exception, risquaient leur vie. C'est à ces personnes au « cœur intelligent », comme disait ma mère, que je dois ma vie. C'est grâce à eux que j'ai survécu. Sans eux, tous les juifs du pays, ou presque, auraient péri. Or, les trois-quarts des juifs de France ont survécu.

De placement temporaire en placement temporaire, je continuai mon errance jusqu'au début de l'année 1943...période à laquelle je quittai Paris.

« Opa » (grand-père), Isidore Aron, photo d'identité pour document officiel, Sarrebrücken, Allemagne, vers 1935.

Avec Tante Ida en visite à Sarrebrücken, Allemagne, le 16 avril 1938

Avec Oncle Erich en visite à Remich, Luxembourg, 1934

Avec grand-mère et maman, Sarrebrücken, Allemagne, janvier 1936

Ma cousine Erika, 6 ans, München, Allemagne, 1936

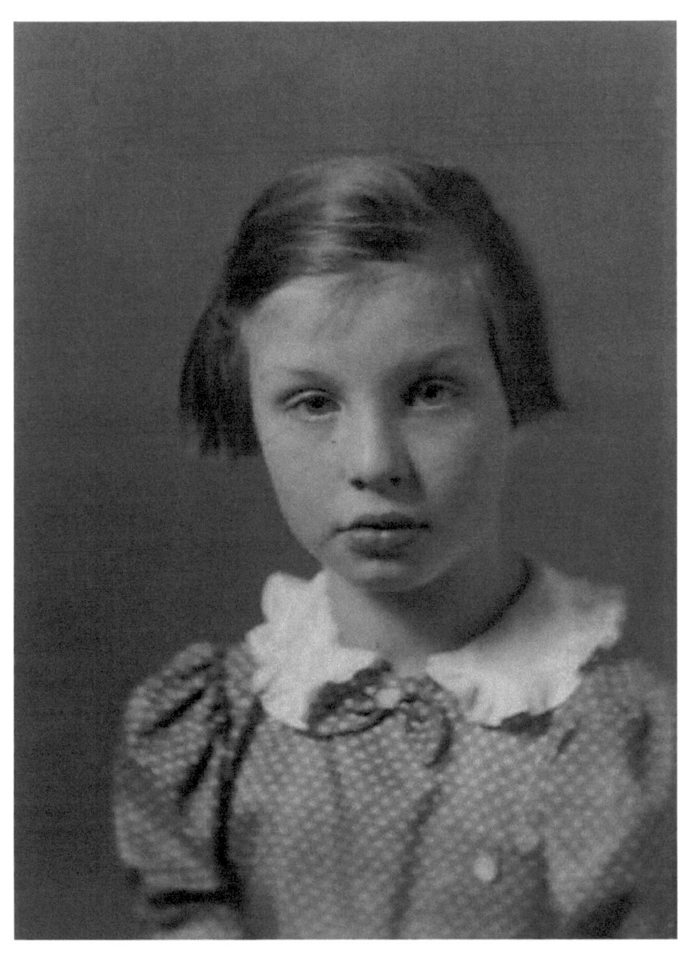

Ma cousine Erika, photo de passeport, 1939. En 1941, elle était abattue avec ses parents aux environs de Riga, Lettonie

Avec maman, Luxembourg, juillet 1939

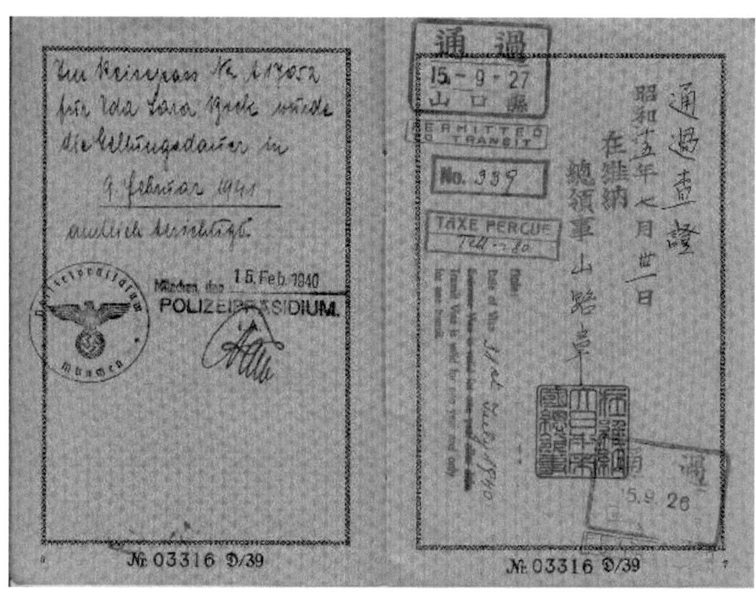

Page du passeport de tante Ida avec visa pour la Chine, 1940

NOM : DEICHMANN née Aron

PRÉNOMS : Alice

Date et lieu de naissance : 30.6.1903 à Nuremberg

N° du Dossier juif : 1741

SEXE : Féminin

NATIONALITÉ : Allemande

PROFESSION : Sans

ADRESSE : 12, Rue Caffarelli 3e

SITUATION de famille : Marié

CONJOINT : Juif

ENFANTS de moins de 15 ans et à charge	Prénoms	Date et lieu de naissance	Nationalité
	Marion Béatrice	18.11.1932	Weiblith

INFIRMITÉS :

SERVICES de GUERRE :

convoi 29-7-42

SITUATION administrative de l'étranger

N° du casier central :

REMARQUES PARTICULIÈRES :

Arrêtée le 16-7-42

265-E — Imp. Chaix (B). — 1591-41

Fichier « familial » de la Préfecture de police de la Seine, Paris, 6 octobre 1940

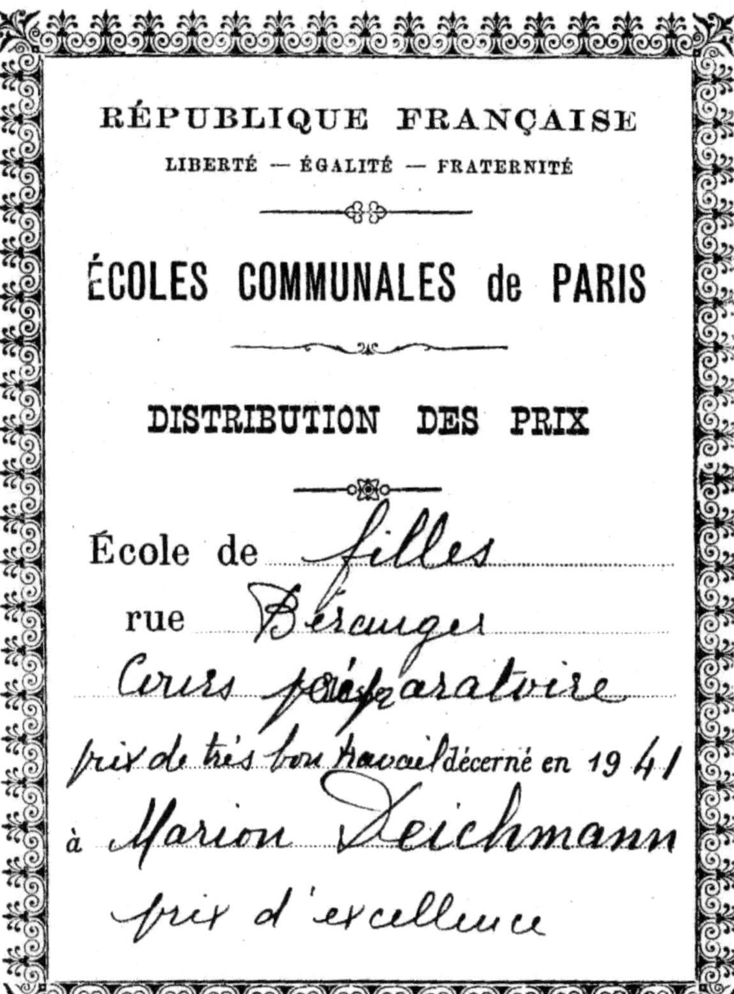
Adj. 1933. — 8e Lot. — N° 8906.

RÉPUBLIQUE FRANÇAISE

LIBERTÉ — ÉGALITÉ — FRATERNITÉ

ÉCOLES COMMUNALES de PARIS

DISTRIBUTION DES PRIX

École de filles

rue Béranger

Cours préparatoire

prix de très bon travail décerné en 1941

à Marion Deichmann

prix d'excellence

014. - Imp. E. Desfossés. - 100000 ex. Raisin 12 k. B - 5-39. - Cde 43031

Première année scolaire en France, Paris, juillet 1941

Oncle Paul, Bagnères de Bigorre, 1942

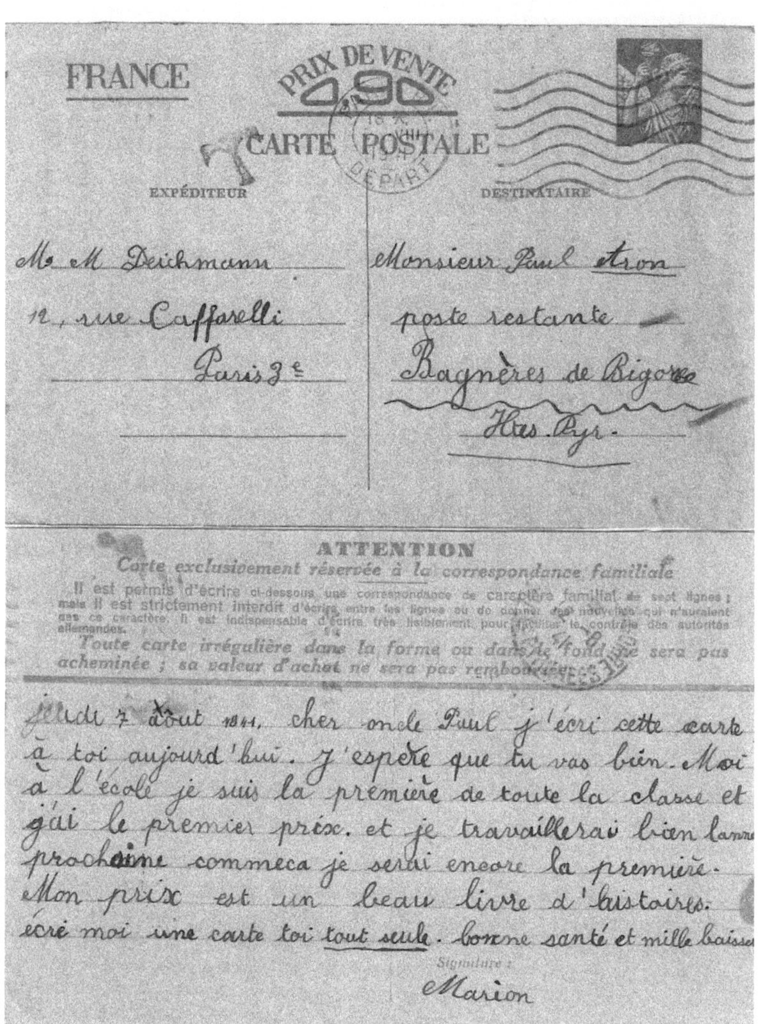

FRANCE

PRIX DE VENTE 0.90

CARTE POSTALE

EXPÉDITEUR

Mr M Deichmann
12, rue Caffarelli
Paris 3e

DESTINATAIRE

Monsieur Paul Aron
poste restante
Bagnères de Bigorre
Htes Pyr.

ATTENTION

Carte exclusivement réservée à la correspondance familiale

Il est permis d'écrire ci-dessous une correspondance de caractère familial de sept lignes ; mais il est strictement interdit d'écrire entre les lignes ou de donner des nouvelles qui n'auraient pas ce caractère. Il est indispensable d'écrire très lisiblement pour faciliter le contrôle des autorités allemandes.

Toute carte irrégulière dans la forme ou dans le fond ne sera pas acheminée ; sa valeur d'achat ne sera pas remboursée.

Jeudi 7 août 1941. cher oncle Paul j'écri cette carte
à toi aujourd'hui. J'espère que tu vas bien. Moi
à l'école je suis la première de toute la classe et
j'ai le premier prix. et je travaillerai bien lanné
prochaine commeca je serai encore la première.
Mon prix est un beau livre d'histoires.
écré moi une carte toi tout seule. bonne santé et mille baiss

Signature :

Marion

Cartes spéciales envoyées à Paul, caché, 1941

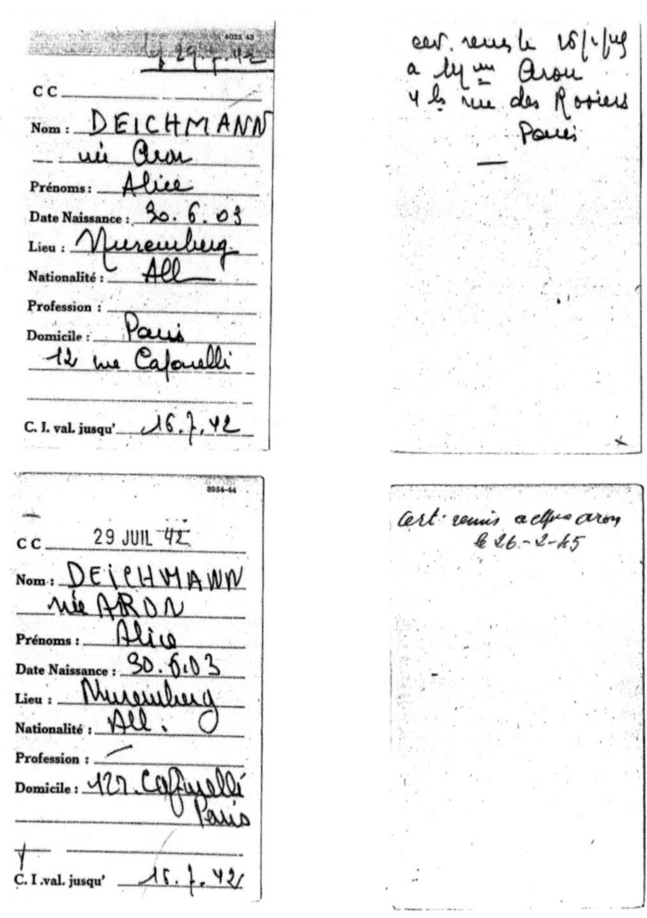

4025 43

29.7.42

CC

Nom : DEICHMANN née Aron

Prénoms : Alice

Date Naissance : 30. 6. 03

Lieu : Nuremberg

Nationalité : All

Profession :

Domicile : Paris 12 rue Caffarelli

C. I. val. jusqu' 16.7.42

cert. remis le 16/1/45 à Mme Aron 4 bis rue des Rosiers Paris

3934-44

CC 29 JUIL 42

Nom : DEICHMANN née ARON

Prénoms : Alice

Date Naissance : 30.6.03

Lieu : Nuremberg

Nationalité : All.

Profession :

Domicile : 12 r. Caffarelli Paris

C. I. val. jusqu' 16.7.42

cert. remis à Mme Aron le 26-2-45

Fichier des internés du camp de Drancy

Maman internée à Drancy du 16 au 29 juillet 1942

Exp: Mme Alice Teichmann, Drancy, Block II, esc. 8, chambre 9.

Madame

Berthe Aron

12, rue Caffarelli

Paris IIIe

Camp de Drancy, 21.7.42.

Ma chère mère, ma chère petite Marian! Quelle joie aujourd'hui, je peux vous écrire quelques mots. Je me trouve bien et j'espère de tout mon coeur, que vous deux, mes très chères, vous êtes aussi en bonne santé. Écrivez moi s.v.p. toute de suite sur une carte interzone comme vous allez. Avec toutes mes pensées je suis toujours avec vous. Aussi vous pouvez m'envoyer un petit colis avec des vêtements: alors, chère mère, envoie la robe bleue marine (tricotée) et la robe d'été à rayure, la blouse à rayure et encore 2 culottes)

blanche-rouge, une serviette éponge. Bonne vaisselle une assiette incassable, mais n'envoyez rien à manger. On en a assez ici. Nous sommes encore ici, mais on ne sait pas, si c'est pour longtemps. Il faut toujours espérer et on se reverra un jour. Restez moi en bonne santé. – Si tu n'as pas assez d'argent, chère mère, tu peux vendre quelques choses inutiles. – Alors, mes très chères, portez vous bien et soyez courageuses. Mille baisers pour ma petite Schnuffi, – pour toi, chère maman!

Toujours votre Alice.

Faites voir cette carte à Mme Sontag, dites lui beaucoup des bonnes choses et je suis toujours reconnaissante pour sa bonté. –

Première lettre de maman, Drancy, 21 juillet 1942

Drancy, 28/7/42

[illegible]a chère Mère, ma chère petite Marion, ma
[illegible]e suis tellement heureuse d'avoir | chérie!
les nouvelles de vous deux, mes chères, aussi
le colis j'ai reçu, merci beaucoup.
J'espère, vous allez bien, moi aussi
je suis en bonne santé. Demain nous
partons - peut-être chez Tante Jenny, on
ne sait rien. Mais faites pas des mau-
vaises sens de tout ça. Je vous donne
des nouvelles aussitôt que possible.
Restez moi en bonne santé - et ayez
toujours courage. On se reverra ! —
J'espère, tu as des nouvelles de Paul, chè[illegible]
maman. Il sait déjà, que je suis ici ?
J'ai déjà trouvé beaucoup des amis ici
Aujourd'hui j'ai renvoyé un colis avec de[illegible]
objets inutiles pour moi - mais peut-être
pas pour vous. - Alors, mes très chères
restez moi toujours en bonne santé
avec toutes mes pensées, avec tout
mon coeur je suis toujours chez
vous ! - Je t'embrasse, ma petite [illegible]
et chère maman et mille baisers !
Votre Aline

Deuxième et dernier signe de vie de ma mère à Drancy la veille du départ pour Auschwitz, le 29 juillet 1942

M. Parigny, Michel, Daniel, Marion et Claudine,
St Hilaire du Harcouët, avril 1944

Avec une camarade communiante,
St Hilaire du Harcouët,
septembre 1944

Famille Parigny, St Hilaire du Harcouët, 1947

Avec grand-mère et oncle Paul, Paris, juillet 1945

S. E. R.

SIÈGE CENTRAL:
23, Boulevard Haussmann
PARIS
Tél. : PRO. 99.90-91-92-93

Réf. à rappeler :
JR/J 5935/R. 15077

Le 30 Octobre 45

Monsieur Paul ARON
51, rue de Malte
P A R I S .
-:-:-:-:-:-:-:-:-:-:-.

Monsieur,

Comme suite à la visite que vous avez faite à nos bureaux pour nous demander des renseignements au sujet de :

Mme DEICHMANN Alice née ARON
née le 30.6.03 à Nuremberg
dernière adresse : 12, rue Cafarelli

nous avons le regret de vous faire savoir qu'elle a été déportée le 29.7.42 du camp de DRANCY en direction d'AUSCHWITZ.

Ne trouvant pas son nom sur les listes de libérés que nous possèdons, nous ne manquerons pas de porter à votre connaissance toute nouvelle que nous pourrions recevoir à son sujet.

Entretemps, nous vous prions de croire, Monsieur, à l'assurance de nos sentiments les plus dévoués.

P. le Directeur
[illegible]

Première réponse négative à nos recherches pour retrouver ma mère

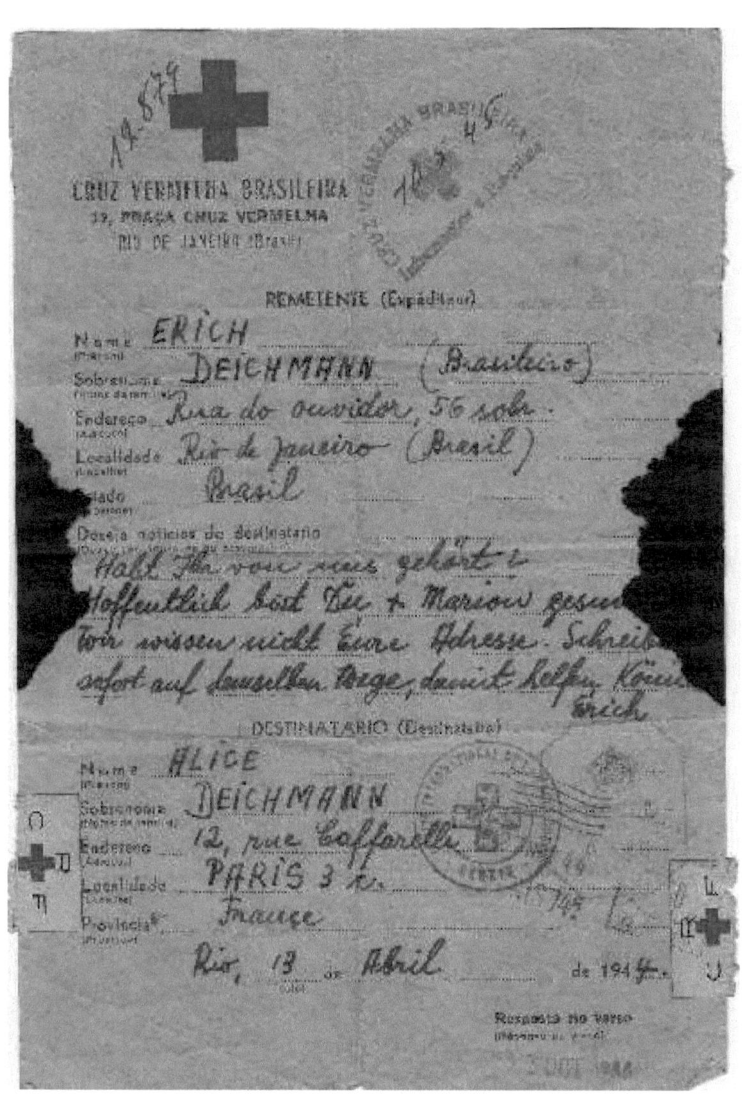

CRUZ VERMELHA BRASILEIRA
19, PRAÇA CRUZ VERMELHA
RIO DE JANEIRO (Brasil)

REMETENTE (Expéditeur)

Nome (Prénom): ERICH
Sobrenome (Nom de famille): DEICHMANN (Brasileiro)
Endereço (Adresse): Rua do ouvidor, 56 sob.
Localidade (Localité): Rio de janeiro (Brasil)
Estado: Brasil

Deseja notícias do destinatario

Habt Ihr von uns gehört?
Hoffentlich seid Ihr + Marion gesun
Wir wissen nicht Eure Adresse. Schreib
sofort auf demselben Wege, damit helfen Könn
Erich

DESTINATARIO (Destinataire)

Nome (Prénom): ALICE
Sobrenome (Nom de famille): DEICHMANN
Endereço (Adresse): 12, rue Caffarelli
Localidade (Localité): PARIS 3 e.
Provincia: France

Rio, 13 de Abril de 1944.

Resposta no verso

Lettre de Rio à Paris par la Croix Rouge, avril 1944, arrivant en novembre 1944

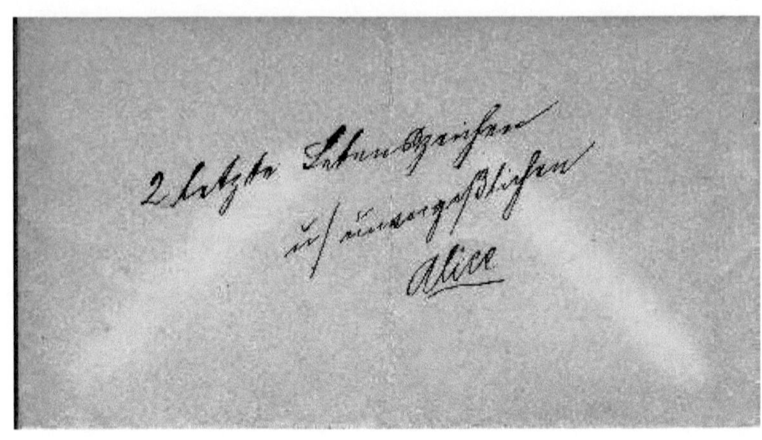

« Les deux derniers signes de vie de notre inoubliable Alice »,
écrit par ma grand-mère sur l'enveloppe contenant les deux cartes de Drancy

2095

COMITÉ INTERGOUVERNEMENTAL POUR LES RÉFUGIÉS
DÉLÉGATION POUR LA FRANCE

PARIS
77, AV. DES CHAMPS-ÉLYSÉES
TÉLÉPHONE : ÉLY 62-53
– 54-64
– 69-07

No 9394
F.SC

Par application
du décret en date du 10 Mai 1945
Journal Officiel nº 182 du 4 Août 1945

CERTIFICAT

PARIS, LE 23 Janvier 1946

Nous Gouverneur V. VALENTIN-SMITH,
DÉLÉGUÉ POUR LA FRANCE DU COMITÉ INTERGOUVERNEMENTAL POUR LES RÉFUGIÉS
SUR DEMANDE DE Monsieur Paul ARON Tuteur de MLle Marion DEICHMANN, sa nièce.
DEMEURANT 38, Rue d'Hulm PARIS.-(8e)

CERTIFIONS :

- que des pièces produites par lui, il résulte que Mademoiselle Marion DEICHMANN née le 18 Novembre 1932 à KARLSRUHE (Allemagne) fille de Kurt DEICHMANN et de son épouse Alice née ARON, d'origine allemande de descendance israélite, est réfugiée provenant d'Allemagne ne pouvant justifier d'aucune nationalité, visée par l'article I de la Convention de Genève du 10 Février 1938 (J.O.du 4 Août 1945 – N°182) concernant le Statut des Réfugiés provenant d'Allemagne et se trouve sous mandat du COMITE INTERGOUVERNEMENTAL POUR LES REFUGIES.

EN FOI DE QUOI le présent certificat lui est délivré pour être joint à sa demande à sa demande en délivrance d'un "Titre de voyage" lui permettant de se rendre aux ETATS-UNIS.

Le Délégué :

Gouverneur V. VALENTIN-SMITH.

« Comité intergouvernemental pour les réfugiés » : titre de voyage pour l'immigration vers les États-Unis, janvier 1946. L'origine et la religion y sont indiquées

Je porte la pancarte « France » lors du défilé des scouts français, New York, USA, avril 1948

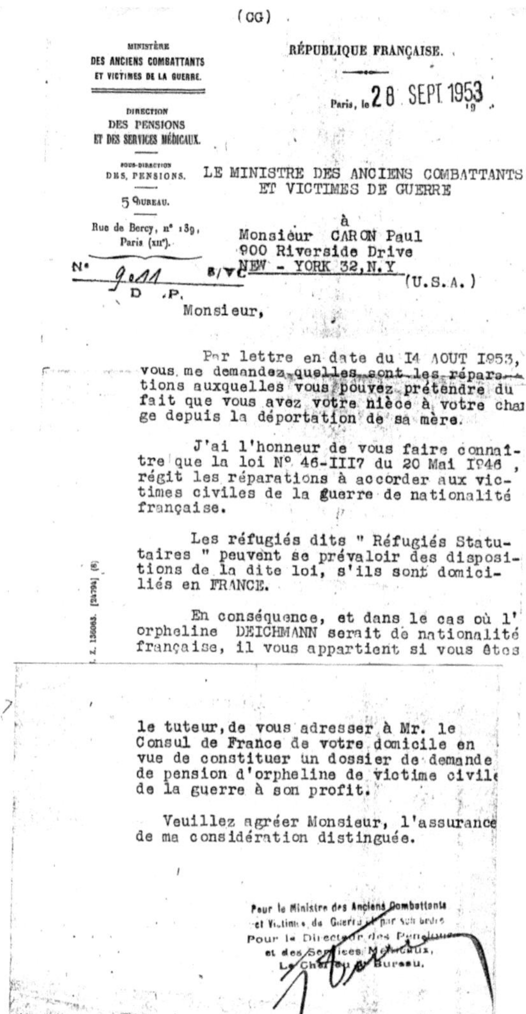

(CG)

MINISTÈRE
DES ANCIENS COMBATTANTS
ET VICTIMES DE LA GUERRE.

DIRECTION
DES PENSIONS
ET DES SERVICES MÉDICAUX.

SOUS-DIRECTION
DES PENSIONS.

5 BUREAU.

Rue de Bercy, n° 139,
Paris (XII°).

N° 9011 B/VC

D.P.

RÉPUBLIQUE FRANÇAISE.

Paris, le 28 SEPT 1953

LE MINISTRE DES ANCIENS COMBATTANTS
ET VICTIMES DE GUERRE

à

Monsieur CARON Paul
900 Riverside Drive
NEW - YORK 32, N.Y
(U.S.A.)

Monsieur,

Par lettre en date du I4 AOUT 1953, vous me demandez quelles sont les réparations auxquelles vous pouvez prétendre du fait que vous avez votre nièce à votre charge depuis la déportation de sa mère.

J'ai l'honneur de vous faire connaître que la loi N° 46-III7 du 20 Mai I946, régit les réparations à accorder aux victimes civiles de la guerre de nationalité française.

Les réfugiés dits " Réfugiés Statutaires " peuvent se prévaloir des dispositions de la dite loi, s'ils sont domiciliés en FRANCE.

En conséquence, et dans le cas où l'orpheline DEICHMANN serait de nationalité française, il vous appartient si vous êtes le tuteur, de vous adresser à Mr. le Consul de France de votre domicile en vue de constituer un dossier de demande de pension d'orpheline de victime civile de la guerre à son profit.

Veuillez agréer Monsieur, l'assurance de ma considération distinguée.

Pour le Ministre des Anciens Combattants
et Victimes de Guerre et par son ordre
Pour le Directeur des Pensions
et des Services Médicaux,
Le Chef du Bureau.

Demande de pension par oncle Paul mais je n'« entre dans aucune case » en tant que victime, New York, 1953

k World-Telegram
he and Sun

ast: Mostly fair tonight and tomorrow. Weather Fotocast on Page 21.

W YORK, WEDNESDAY, NOVEMBER 30, 1955. By New York World-Telegram Corp. Copyright, 1955. FIVE CENTS

Bus Accord Near, Top City Officials Say

15-Cent Fare Seen Key to Averting Midnight Strike

By THOMAS FUREY, *Staff Writer.*

Top city officials predicted privately today that the threatened strike at midnight tonight against eight bus companies by the Transport Workers Union (CIO) will not materialize.

The Board of Estimate, it was learned, is prepared to pave the way for settlement by assuring operators of the eight companies it is willing to consider hiking fares on private buses from 13 to 15 cents and possibly reduce franchise taxes.

17-Cent Package.

This would permit the companies to settle with the union on the basis of the 17-cent package worked out recently between the TWU and Transit Authority. That agreement, which runs through 1957, provides increases in three stages—two of seven cents each per hour and one for three cents.

Despite TWU Chief Michael Quill's usual blustery statements, City Hall is confident that its assurances of financial aid to the companies will lead to a contract extension if a settlement is not reached by today's midnight deadline.

In 1953 the last time the private lin[illegible] went on strike, it

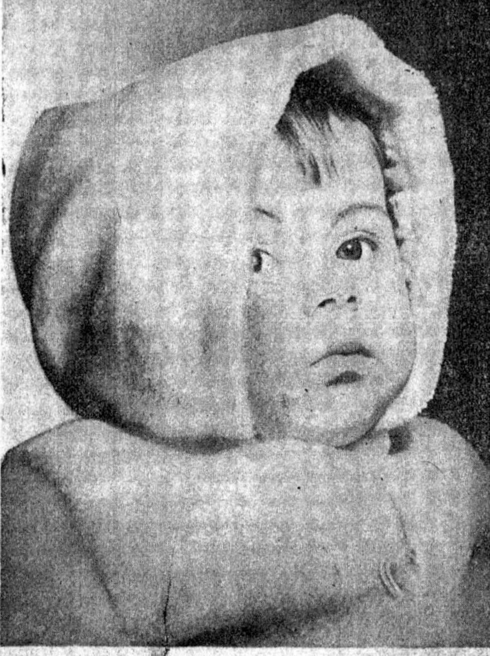

Photo by Higgins.

LIVING SNOWMAN: Jean-Jacques Debosse, 1, is prepared for cold snap as he peeks out from under his white parka aboard liner Liberte. He and his parents arrived today from Bordeaux, France, to make their home on Riverside Dr.

Arrivée à New York : notre fils John fait la une du « New York World Telegram », le 30 novembre 1955

Konzentrationslager Buchenwald
Kommandantur

Weimar-Buchenwald, den 27. Nov. 1938 19..

Entlassungsschein

Der Schutzhäftling ~~Vorbeugungshäftling~~ Iwan Deichmann

geb. am 20. 11. 78 in Dörverden, hat vom 11. Nov. 1938

bis zum heutigen Tage im Konzentrationslager Buchenwald eingesessen.

Auf Anordnung des Stapo Hannover ~~Geheimen Staatspolizeiamts Berlin~~ ~~Reichskriminalpolizeiamtes Berlin~~ vom 22. 11. 1938

wurde er nach Hannover entlassen.

Der Lagerkommandant

~~SS-Standartenführer~~ Schn.

Kommandantur Konz.-Lager Buchenwald

R. Borkmann, Weimar

Carte de Buchenwald indiquant que grand-père Ivan Deichmann est libéré le 22 novembre 1938

Les deux frères : mon père Kurt (87 ans) et oncle Erich (89 ans) devant la pâtisserie, Rio, Brésil, 21 septembre 1994

DESIGNATION DES PIECES	NOMBRE	DESIGNATION
Demande d'attribution de la mention "*Mort en Déportation*" formulée par :	1	Transmis pour décision.
Madame **Marion DEICHMANN**	1	
en faveur de sa mère :		
Madame **Alice ARON épouse DEICHMANN** **Née le 30.06.1903** **à NUREMBERG (Allemagne)** **Décédée à AUSCHWITZ.**		Pour le Directeur Régional Par subdélégation, le Directeur Adj D. BARRAUD 21 OCT. 1997

Madame,

Vous aviez sollicité à une certaine époque l'attribution de la mention **"Mort en déportation"** pour votre mère :

Madame Alice ARON épouse DEICHMANN
née le 30 Juin 1903 à NUREMBERG (Allemagne)
Internée à DRANCY
puis déportée à AUSCHWITZ le 29 Juillet 1942 où elle est décédée.

Cette demande avait été transmise par mes soins pour décision à mon administration centrale le 21 Octobre 1997.

Je suis intervenu auprès de ce service le 14 Septembre 2000 pour connaître la suite réservée à cette affaire. Il m'a été répondu le 28 Décembre 2000 que vous n'aviez pas donné suite à leur demande d'envoi d'extrait d'acte de décès sollicité par lettre du 19 Janvier 1998.

De ce fait, il conviendrait de me faire connaître, pour me permettre de classer ce dossier, si vous désirez toujours donner suite à votre requête.

Je vous précise que si un acte de décès n'a pas été rendu à l'époque, il convient que le décès soit constaté officiellement par un jugement déclaratif de décès, qui remplace l'acte de décès, en application des dispositions de l'article L.88 du code civil.

Pour une disparition qui s'est produite à l'étranger, il est nécessaire de présenter la requête au tribunal de grande instance du domicile ou de la dernière résidence du disparu.

Enfin, j'appelle votre attention sur les dispositions du décret n° 2000-657 du 13 Juillet 2000, publié au Journal Officiel du 14 Juillet 2000 instituant une mesure de réparation pour les orphelins dont les parents ont été victimes de persécutions antisémites. Les demandes doivent être adressées à :

Liberté • Égalité • Fraternité
RÉPUBLIQUE FRANÇAISE

MINISTÈRE DE LA DÉFENSE

Paris, le 15 MAR 2001

N° 1685 /DEF/SGA/DMPA/SDAB/BM

**ATTESTATION DE DISPARITION
ET DE PRESOMPTION DE DECES**

Le conservateur général du patrimoine, chargé de la sous-direction des archives et des bibliothèques, après examen des pièces du dossier portant le n° 98 534-97 982 atteste que :

Madame Alice DEICHMANN née ARON
le 30 juin 1903 à NUREMBERG (ALLEMAGNE)

a disparu dans les conditions ci-après :

- Arrêtée et internée le 16 juillet 1942 au camp de Drancy (Seine)
- Déportée le 29 juillet 1942 par le convoi n° 12 vers le camp d'Auschwitz (Pologne).

« La quête d'une certitude »

Marion Deichmann en 2012

VII - La Normandie, février ou mars 1943 à novembre ou décembre 1944

Je fis un long très long voyage un matin d'hiver 1943 avec une accompagnatrice qui n'a pas laissé de trace dans ma mémoire. J'étais calme en apparence et très inquiète au fond. Les cars que nous empruntâmes étaient froids et inconfortables. Nous traversâmes des contrées inconnues.

Un autre monde s'ouvrait à moi. Je n'avais pas quitté Paris depuis mon arrivée en France. Le destin m'emmena à St Hilaire-du-Harcouët, dans la Manche. C'était une petite ville de province, dans une Normandie riche d'histoire. Une ville au confluent de deux rivières et au croisement de deux grandes voies de communication : Caen-Rennes et Paris-Saint Malo, non loin du Mont Saint Michel.

La Manche était extrêmement rurale, bien qu'elle soit proche de la mer. J'atterris dans un paysage typique du bocage normand. Champs de blé et de sarrasin enclos de haies vives sur lesquels poussaient des arbustes. Le long de ces haies, des chemins souvent plus bas que le champ. Des pommiers partout, pas encore en fleurs au moment de mon arrivée. Au printemps, ce fut une merveilleuse profusion de bouquets floraux. L'odeur de l'air en Normandie était si doux et lénifiant. Loin de Paris et de tous mes repères, une nouvelle vie.

J'ai été très bien accueillie - je dirais même recueillie - par une famille « complète », la famille Parigny.

Le père s'appelait François, la mère Angèle. Ils avaient deux garçons et une fille. Le fils aîné, Michel (peut-être 14 ou 15 ans), puis Claudine (un an de plus que moi, soit 11 ans) et Daniel (7 ans). Je m'intégrais parfaitement dans cette fratrie, au point de vue sexe et âge.

Claudine était rieuse, enjouée, Michel était un garçon sérieux, et le petit Daniel jouait tout le temps.

M. Parigny, qui avait les yeux verts clairs, était bel homme. Des moustaches, une chevelure légèrement poivre et sel. Je l'ai rarement vu sans son béret bleu marine. Il était sérieux et doux, respecté dans la commune. Il avait fait Verdun et détestait les Allemands, il ne prononçait pas le mot « Allemands », il parlait des « boches ».

Il y avait un petit noyau de résistance à St Hilaire. Je subodore que M. Parigny faisait partie d'un groupe de résistants de la région… Je ne l'ai jamais su. Il était fermement antinazi.

Mme Parigny était belle aussi - grande, le visage souriant, très régulier, des traits fins, de longs cheveux châtains qu'elle rassemblait et montait en un chignon à l'arrière. Elle avait une corpulence de matrone.

La mère était plus sévère que le père ; elle avait charge de l'intendance de la maison. Mais j'ai été totalement acceptée par tous, y compris les enfants, et totalement intégrée dans la famille. A part un incident au début, je n'ai jamais été réprimandée, en tous cas normalement et pas plus que les enfants de la famille.

Sans être des lettrés, les Parigny étaient éduqués. Ils étaient propriétaires d'un bar-tabac rue de Mortain, en plein centre de Saint-Hilaire et de sa Place nationale. Le lieu était aussi bien tenu que bien fréquenté. Le commerce faisait toute la largeur de la maison. Il y avait une grande enseigne « Bar – Café – Tabac ». La porte d'entrée était entourée de vitrines. La salle était meublée de deux rangées de tables à droite, une à gauche. Les tables et les chaises étaient en bois. Le comptoir était au fond, avec toutes les machines électriques derrière. On chauffait au bois et charbon.

Par moments, pour nous amuser, Claudine et moi servions ou aidions, pendant les vacances. Les hommes avaient coutume de prendre leur café avec du calvados tôt le matin avant de partir travailler.

Il y avait des WC à chasse dehors, au fond de la cour qu'il fallait traverser. La cuisine familiale se situait derrière la salle du café, au rez-de-chaussée. La maison faisait 3 étages, le 3ème étant mansardé. Les chambres d'enfants étaient au 2nd. Claudine et moi avions un grand lit. Il fallait un escabeau pour monter sur les lits normands, si hauts. Il n'y avait pas d'eau courante, les chambres n'étaient pas chauffées. Nous avions un broc où l'eau glaçait les nuits froides d'hiver. Le beau salon était au 1er.

Je n'étais pas vraiment cachée, ou en tous cas je ne me sentais pas cachée, contrairement aux endroits précédents. J'avais une vie active, j'ai tout de suite participé à la vie comme les autres enfants.

Nous allions, Claudine et moi-même, à l'école catholique « Immaculée Conception » tenue par les sœurs Carmélites. J'ai beaucoup aimé ces sœurs et elles me l'ont bien rendu. Elles avaient une coiffe très amidonnée. Il n'était pas facile de les embrasser sur les joues ! Les trois qui s'occupaient de moi - les deux enseignantes et la directrice - étaient chaleureuses. J'étais dans la même classe que Claudine, et meilleure élève qu'elle. Mais elle ne m'en a jamais voulu. Pas un brin de jalousie. Pour ma part j'en étais un peu gênée.

Nous avions suffisamment à manger. Les restrictions alimentaires portaient surtout sur le sucre, le chocolat et le café. Nous avions un ersatz de chocolat, que nous saupoudrions sur des tartines pour le quatre heures. Ce faux cacao, s'il n'était pas assez bien incorporé dans le beurre de la tartine, nous montait dans le nez : amusant et douloureux !

Les manques étaient beaucoup plus ressentis sur le papier, les tissus, les vêtements et surtout les chaussures. Un incident arrivé très peu de temps après mon arrivée est lié à l'inexistence de papier hygiénique. On coupait les journaux. Je n'y étais pas habituée… Donc j'avais trouvé un papier blanc quelque part…malheureusement c'était une facture.

Mme Parigny a été très mécontente, et m'a dit des choses qui m'ont fait mal, du genre « Si j'avais su ça, je ne t'aurais pas accueillie. » Donc je la craignais - ses enfants aussi la craignaient ! Mais cela n'a pas eu trop d'impact, j'en ai juste été assez meurtrie... On ne s'en est pas tenu rigueur. Son énervement s'est dissipé et les choses se sont bien déroulées par la suite. Les Parigny avaient du courage, ne sachant pas dans quoi ils s'embarquaient en accueillant une petite Parisienne.

De part et d'autre de la famille se trouvaient des cultivateurs qui nous réservaient un peu de leur richesse alimentaire. Les paysans étaient pourtant lourdement taxés sur leur production, réquisitionnée par les soldats allemands, qui passaient régulièrement dans les fermes pour emporter leur quota. Un jour, avec Claudine et Daniel, nous sommes allés à l'abattoir chercher de la viande. On nous a donné un gobelet de sang encore chaud à boire. J'ai eu un terrible dégoût. Je me suis retenue de vomir. Je n'ai jamais aimé manger de viande.

Les enfants buvaient du cidre doux juste après extraction. À table, à part l'eau, on buvait du jus de pommes à cidre, pas très sucré. En tous cas je n'ai jamais eu faim : je mangeais amplement. Il y avait assez car c'était la campagne très proche de la ville : il y avait une continuité entre l'une et l'autre, des fermes partout alentour. La famille avait un jardin potager à un ou deux kilomètres. Les domaines agricoles des oncles et tantes me semblaient immenses. Je me souviens d'un domaine avec sa chapelle, son four extérieur, ses dépendances.

Comme Claudine était plus grande, je bénéficiais de certains de ses habits. J'avais une paire de chaussures hautes à lacets avec semelles de bois, vite usées. Je portais aussi des sabots de bois normands. Nous mettions des chaussons dedans, ou de la paille. Il m'a fallu apprendre à marcher avec. Par moments, je me donnais des « coups de loup » sur l'astragale. C'était très douloureux, comme un éclair traversant la chair ! Parfois je m'entaillais la peau.

Comme partout en France, l'on trouvait des urinoirs, les « vespasiennes », pour les hommes, mais rien pour les femmes. Les paysannes avaient trouvé d'autres moyens. En effet, dans le jardin derrière l'église les femmes en tenue noire s'accroupissaient simplement pour se soulager. On m'a expliqué qu'elles portaient en guise de culotte des jambières ouvertes au milieu. C'était la coutume d'alors chez beaucoup de femmes de la campagne.

Saint-Hilaire-du-Harcouët était une ville connue pour ses marchés hebdomadaires, en particulier son marché agricole. En outre, il y avait la grande foire à la Saint Martin qui durait trois jours et attirait une foule impressionnante.

En revanche, nous étions relativement immobilisés : il n'y avait pas d'essence. M. Parigny avait d'ailleurs une voiture sans roues dans le garage. Je crois que les Allemands avaient réquisitionné la plupart des bicyclettes, mais je pense que M. Parigny en avait caché une.

Pour Noël, début décembre 1943, nous avons été à l'église visiter la crèche. Même les crèches les plus pauvres avaient des figurines de Joseph, Marie, l'âne, le bœuf, un berger et un berceau du petit Jésus sur lequel il y avait de la paille. Mais pas d'enfant. Il apparaissait seulement à la messe de minuit le 24 décembre. Cette nuit-là, nous avons placé nos sabots près de la cheminée avant la messe. Le matin, ils étaient emplis de friandises.

L'antisémitisme en Normandie, je ne l'ai pas connu. Sauf une fois, de la bouche d'un enfant.

On allait jouer à la fontaine sur la place. Et là un petit garçon de mon âge m'a dit « T'es juive…mais t'as pas de cornes ?!! » Cela ne m'a pas affectée car je me suis dit « Mais ce garçon est stupide !! Il est fou !! » J'étais éberluée qu'il ait pu croire à cette « publicité ». La représentation du juif en diable avec des cornes et une queue ne m'était pas étrangère. J'avais dû voir une affiche antisémite pendant la guerre et me suis doutée qu'il avait vu ce genre d'image aussi. Avait-il également entendu des remarques provenant d'adultes ? Sans doute… Certaines personnes du village savaient que j'étais une petite réfugiée juive.

Mme Parigny était catholique pratiquante, M. Parigny non. J'ai été baptisée et ai fait ma préparation puis ma communion en septembre 1944. J'en ai été très heureuse. Je faisais comme les autres. Dans son esprit, en me faisant baptiser, Mme Parigny sauvait mon âme. Peut-être était-ce aussi pour mieux me cacher.

J'ai été catholique un an, car après je suis retournée à Paris. Rue des Rosiers, je suis allée deux fois à la messe de l'église Saint Paul. Mon oncle n'a pas fait d'objection. Je n'avais pas été élevée dans la religion juive. J'avais bien sûr assisté à des *seder*, mais je ne connaissais que quelques fêtes majeures, telles que Kippour, Hanoukka, et Pessah. Hanoukka, la fête des Lumières, était la plus importante pour moi, et je l'ai toujours couplée avec Noël.

Le catholicisme aussi, d'ailleurs, est resté très superficiel : je n'ai eu de sentiment profond. L'important était la fête, et la belle église de Saint-Hilaire. J'étais heureuse de ma belle robe blanche de communiante. C'était comme jouer à la mariée. J'ai cru mais sans approfondir. Cela ne me posait pas de problème identitaire. Tout cela n'entrait pas en contradiction avec ce que j'étais, à 10-11 ans.

L'une des grand-tantes Parigny, Tante Anaïse, elle, n'était pas croyante ! Elle riait et se moquait quand on allait à la messe. Elle nous disait, à Claudine et moi : « Vous allez encore à l'église ? Vous allez voir le petit saint qui pisse ?!! » Elle faisait référence à la statue d'un petit ange. Je trouvais cette tante particulièrement sympathique et amusante.

Les deux grand-mères Parigny et Vaudouer (la mère de Mme Parigny) vivaient encore et nous les voyions souvent. Elles étaient gentilles et toutes ratatinées. Veuves, elles étaient toujours en noir : du tablier à la robe, en passant par la coiffe. Sauf le dimanche, pour aller à la messe, où la coiffe était blanche.

À Saint Hilaire, je menais une vie relativement normale. Malgré le fait d'être éloignée de ma famille, j'avais retrouvé un semblant de bien-être. Mais l'événement tactique capital de cette guerre allait changer notre quotidien : le débarquement des troupes alliées en Normandie !

Peu de jours avant le débarquement du 6 juin 1944, des tracts furent déversés par avions sur Saint-Hilaire pour prévenir la population de partir de la ville. Sur ces tracts était écrit que les forces alliées, afin de déloger l'ennemi, allaient devoir attaquer l'endroit où nous nous trouvions. Il fallait donc évacuer. Certains citoyens sont malheureusement restés sur place. Grâce à la clairvoyance de M. Parigny et sans doute son expérience de la Première guerre mondiale, nous sommes partis le 5 juin tous ensemble, à pied, des valises à la main, et poussant une brouette chargée d'habits, de nourriture et de quelques effets précieux. Nous avons marché ainsi sur une route vallonnée, une dizaine de kilomètres, en direction de Saint-Brice-de-Landelles.

Exode à la ferme (juin - août 1944)

M. Parigny avait une grande famille et nous sommes allés chez l'un de ses frères, non loin de Saint-Brice, dans une petite ferme. Tous les hommes étaient partis, faits prisonniers. Les femmes étaient seules à gérer les fermes et s'entraidaient.

Dès le premier jour du débarquement, le 6 juin, la gare de St Hilaire fut bombardée par des avions isolés. Les dégâts matériels furent importants sans toutefois faire de victimes.

C'est le 14 juin à 20 heures 10 précises que la ville fut pilonnée par les bombes incendiaires des Alliés et détruite à 80%. Les maisons encore debout n'avaient plus ni fenêtres ni portes, et des toitures fortement endommagées. L'eau avait été coupée. Dans la ville, ce qui n'avait pas été touché directement par les bombes a brûlé pendant plusieurs jours.

Les Parigny ont tout perdu. Leur maison a été directement touchée puis brûlée. Les quelques effets que je n'avais pu mettre dans ma valise, telle ma poupée, ont aussi brûlé. Il y eut plusieurs victimes, dont le curé de Saint-Hilaire qui m'avait baptisée et connaissait mon histoire. Saint-Hilaire et ses habitants payèrent un lourd tribut à la libération de la France. Bien que cette petite ville elle-même fût libérée le 2 août 1944, les combats s'éternisèrent autour de nous dans les villes et villages. La libération de la Basse-Normandie, prévue pour se faire en trois semaines, prit près de trois mois.

Les sirènes annonçant les bombardements étaient très angoissantes. Il y avait un bruit de fond et des bombardements constants des villes et des campagnes, jour et nuit. Le jour par les Américains et les Anglais, la nuit par les Anglais et les Allemands. Nous entendions même les bombes exploser sur les villes de Saint-Lô et de Saint-Malo ! Sans parler de la bataille de Mortain, à 7 kilomètres de là. Lors de l'opération Cobra de juillet 44, on avançait, on reculait, kilomètre par kilomètre… Les terres étaient prises et reprises…

Plusieurs fois, Daniel et moi nous sommes trouvés dans le champ où nous venions de faire le foin et avons entendu des batailles au loin se rapprocher de nous et des balles siffler. Je ne sais de quel engin le projectile venait, mais j'ai senti le souffle de sa trajectoire près de ma joue. J'eus un peu peur mais Daniel, lui, était terrorisé. Il avait une peur épouvantable, à chaque alerte. Il en a été durablement traumatisé. Globalement, nous étions heureux, jouant dans le danger. Tous les trois (Michel était trop grand), avec d'autres enfants, nous jouions à la marchande, à la maison, à la poupée. Les poules et poussins étant nos poupées…mes poupées surtout !

Durant ces quelques mois à la ferme, nous vivions en autarcie. Nous faisions notre pain le mercredi je crois. Nous, enfants, étions agglutinés autour du très beau four en pierre à l'extérieur de l'habitation. Le pain chaud et croustillant qui sortait du four à bois, sur lequel on mettait du beurre, c'était délicieux ! Mais inutile de dire que le mardi d'après, le pain était un peu dur !

Il y avait quelques hommes, réformés de l'armée ou cachés pour échapper au travail obligatoire en Allemagne. La plupart était en Allemagne pour le « Service du Travail Obligatoire » - on les appelait « les STO ». Rien n'était mécanisé. Les quelques moissonneuses-batteuses ne fonctionnaient plus. Les blés étaient moissonnés autour du 14 juillet. C'était un travail harassant. Les hommes fauchaient le blé, puis il était coupé et couché. Ensuite, nous, femmes et enfants, marchions dessus avec un « fléau ». Un bâton comme un manche à balai, au bout duquel il y avait une chaînette où était accroché un autre petit bâton. On frappait par terre avec force pour faire sortir les grains des épis. Nous séchions le foin en en faisant des meules. D'autres enfants étaient sur le côté du champ, près du cheval et des charrettes. Nous aidions à rassembler le foin enfourché par les adultes, puis avions le droit de grimper sur la charrette quand elle était pleine, et nous revenions à la ferme dessus. Là, quand nous mettions le foin dans la grange, la grande récompense était de sauter et glisser dessus. Daniel et moi étions les premiers ! C'était le paradis, le délire, les fous rires !

Nous étions dans un lieu-dit (ou hameau) près de Saint-Brice. Nous y allions pour la messe, en prenant la charrette et la jument blanche. Nous portions des chapeaux de paille, tous juchés sur la charrette. Nous prenions un chemin de la largeur de la charrette…les roues se prenaient dans les ornières, tantôt profondes, tantôt caillouteuses, jamais lisses. Les branches nous soulevaient les chapeaux, et nous riions, c'était cahin-caha !!

À la ferme, nous nous lavions dehors dans des cuvettes. J'ai eu une furonculose. J'avais des furoncles très profonds, emplis de pus, et il fallait les cureter. J'en ai gardé des cicatrices sur le corps. Avec Claudine, nous avons aussi eu la gale. Elle était logée entre les doigts. Cela démangeait terriblement. Nous nous grattions au sang. Le seul remède à l'époque était de se laver avec une brosse en chiendent et du savon noir.

Le pays était très vallonné. La ferme était d'un côté de la colline, comme une gorge. Un soir, je suis sortie dans le noir pour aller aux WC. En face de moi, une branche sur laquelle était un hibou. Et de l'autre côté de la vallée, une ferme en feu, avec une immense poutre en flammes. Les Allemands y avaient jeté un obus ou une bombe.

C'était un combat constant entre avions. Les Alliés, qui avaient débarqué, avançaient. Il y eut des batailles acharnées entre Saint-Hilaire-du-Harcouët et Mortain, qui a été repris sept fois.

De nouveau, riche de l'expérience de la Première guerre, M. Parigny avait creusé une tranchée derrière la ferme. Et toutes les nuits nous descendions dans la tranchée (j'ai depuis des rhumatismes dans les genoux !), comme dans un sarcophage, dont la partie supérieure était couverte de fagots. Il y avait plein de vers luisants, seul éclairage avec la lune.

Les batailles dans l'air et sur terre pour libérer la Normandie durèrent trois mois. Enfants, nous reconnaissions les avions au bruit : les B17 ou les B24 américains volaient en formation de six, douze ou plus. Ils volaient de jour et effectuaient des bombardements « en tapis », lâchant des milliers de bombes. Pour atteindre une cible, telle un pont ou un dépôt de munitions, ils effaçaient un quartier, une petite ville. Ils faisaient un bruit continu : « Voooooooooooooooon !». Ils bombardaient à travers les nuages et c'était effrayant : on entendait juste le bruit arriver. On ne savait pas où tombaient les bombes. C'étaient ces forteresses volantes qui m'effrayaient le plus.

Les Anglais par contre plongeaient et visaient quelque chose en particulier : « VaaaaaAAAAAnn, boum ! VaaaaaAAAAAnn, boum ! ». C'étaient des escadrilles de plus petite formation que les bombardiers. Des avions de chasse qui piquaient littéralement sur leur cible, comme le font les oiseaux de proie. Ils visaient souvent des ponts.

Quant aux Allemands, qui avaient un kérosène bizarre car ils manquaient de tout, leurs moteurs faisaient un bruit saccadé : « Vuonvuonvuonvuonvuon ! ». C'étaient les plus dangereux car ils bombardaient les civils, les fermes, en plus des canons anti-aériens et des champs où étaient stockés les bidons d'essence. Les bombardiers volaient surtout la nuit et leurs avions de chasse le jour. Ils lâchaient des chapelets de bombes. En plus des installations militaires, il y avait la DCA, la Défense anti-aérienne, des canons qui tiraient sur les avions dans un esprit destructeur et vengeur…comme désespéré ! Plus les Alliés avançaient, plus les Allemands revenaient bombarder les fermes.

Ils s'acharnaient sur tout, leurs bombes arrachaient tout. Un chapelet d'une dizaine de bombes non seulement arracha le toit de notre ferme mais aussi fit des trous sur le terrain aux alentours. Claudine et moi dormions dans la cuisine, dans un lit tout près de la cheminée. Cela ne m'a pas réveillée, pourtant je me suis levée à toit pratiquement découvert ! Tout le monde était étonné que je n'aie rien entendu !

Le lendemain, un avion de chasse allemand a été abattu en journée. On frappa à la porte et c'était le pilote et le co-pilote qui arrivaient, armés. Nous étions tous dans la cuisine. M. Parigny a ouvert et leur a parlé. Ils demandaient de l'eau, ont expliqué que leur avion avait été descendu, puis ont demandé quel était le bruit que l'on entendait sur les routes. M. Parigny leur a indiqué que les Alliés étaient sur la route. Ce que les Allemands ne savaient pas, et ont eu du mal à croire ! Ils ont ouvert leur carte de la région sur la table pour savoir où ils étaient.

Après leur départ, M. Parigny a dit : « Ils ne pourront pas aller très loin, ils seront faits prisonniers ».

Il était strictement interdit de posséder un poste de radio sous le règne nazi. D'ailleurs, ils étaient tous réquisitionnés et M. Parigny dût rendre le sien. Cependant, dès l'appel du 18 juin 1940 du général De Gaulle, les résistants au régime nazi et vichyste se procurèrent un poste à galène. M. Parigny et Michel en fabriquèrent un. Ils ont ainsi pu écouter la BBC - « Les Français parlent aux Français » - émission clandestine et codée émise de Londres. Ceci était strictement interdit et punissable jusqu'à la déportation. Mais M. Parigny avait beaucoup de sang-froid et de courage.

Avec tous les enfants, nous allâmes deux fois sur l'une des routes principales, où passaient les troupes. Ce n'était pas loin de la ferme, mais il fallait marcher un peu. Il y avait une légende disant qu'un paysan y avait enterré un trésor - des écus d'or - quelque part. Donc notre motivation était double : trouver ce trésor mythique et rencontrer certains camions américains dont l'arrière était ouvert. Car les Américains, quand ils nous voyaient, nous lançaient bonbons, chocolats, chewing-gums et petits biscuits vitaminés bien meilleurs que ceux qui étaient distribués à l'école !

À la fin de l'été, nous sommes revenus à Saint-Hilaire, dans des baraquements. Quelques mois après la libération de Paris en août 1944, un organisme, le S.E.R. (Service Européen des Recherches des juifs déportés et dispersés), a entrepris d'aider les familles à se retrouver, à se reconstituer. Je ne sais comment le contact s'est effectué, mais je suis repartie à Paris en décembre 1944, ou peu avant, retrouver ma grand-mère et mon oncle Paul rue des Rosiers.

La Normandie, ce furent des années heureuses. Malgré les peurs, malgré tout. J'étais dans un monde d'enfant. Je savais que c'était une parenthèse mais je m'amusais tout autant. Je savais les risques, donc il était normal d'obéir en étant là. J'ai beaucoup aimé me trouver dans une famille.

C'était très apaisant pour moi d'être acceptée, confortée... Ma mère était quelque part, je la retrouverais. J'étais en attente de la revoir, comme ma grand-mère. C'était promis.

Je suis retournée au moins deux fois en vacances chez les Parigny. J'ai eu le bonheur d'y retrouver toute « ma » Normandie ! La famille vivait encore dans un baraquement car sa maison n'était pas reconstruite. Avec les enfants, nous sommes retournés sur la route en vélo, mais pas jusqu'au village. J'ai pris beaucoup de photos. Pourtant je ne savais pas encore que j'allais quitter la France. Mon oncle en parlait mais c'était très difficile d'obtenir les papiers, on pensait que cela n'aboutirait pas.

Après quelques visites ultérieures, je suis restée en contact avec cette famille jusqu'en 1973, année de la mort de ma grand-mère et de M. Parigny.

XIII - Paris (1945 - 1947)

Je suis revenue à Paris en décembre 1944. J'y ai été déposée par une organisation qui s'occupait d'enfants. Au 4 bis, rue des Rosiers. Un immeuble anciennement de l'ORT (« Organisation Reconstruction Travail », le réseau d'écoles juives philanthropiques). C'était le lieu de retrouvailles des familles, le regroupement familial. Non seulement des réfugiés étrangers mais aussi des Français. Grand-mère était là, elle m'a accueillie. Je ne l'avais pas vue depuis deux ans, elle était étrangère à ce que j'avais vécu. J'étais très dépaysée dans cette bâtisse, ce lieu si différent d'où je venais. Dans la fameuse rue des Rosiers, en plein quartier juif, aux maisons grises, noires. À nouveau, c'était une coupure totale. À nouveau, il fallait s'adapter à quelque chose, à quelque part. C'était un autre dépaysement mais aussi un retour en arrière. Sans être un retour chez soi ! À Paris, on sentait la guerre, alors que je venais de vivre dans une atmosphère d'enfance. Même s'il n'y avait plus de danger, je n'éprouvais pas de joie… Je ne sais pas si j'éprouvais quoi que ce soit à cette période-là, d'ailleurs…

J'avais une blessure interne. J'étais focalisée sur le retour de ma mère. J'attendais ma mère. Grand-mère montrait sa photo à tous. Je montrais sa photo à tous. À chaque déporté qui était à Auschwitz et venait du Lutétia voir sa famille là, nous montrions la photo de ma mère. Personne ne l'avait vue, mais je ne pensais qu'à ça, je n'avais qu'un espoir : la revoir.

J'ai d'abord revu grand-mère, et oncle Paul est revenu environ quatre jours plus tard. Chacun de nous trois revenait de sa cachette : grand-mère de Vanves, mon oncle du sud-ouest, et moi de Normandie. Peut-être que le fait qu'ils soient là tous les deux me donnait un sentiment d'injustice. Mais c'est une pensée d'adulte. En tous cas ils étaient secondaires par rapport à ma mère. Paul était un coléreux mais un tendre. Rue des Rosiers, quand grand-mère lui a dit que maman avait été déportée, il s'est effondré en sanglots. Je le vois encore sangloter.

Je crois que dans ma valise j'avais en tout et pour tout un manteau noir, une robe, une culotte, une paire de chaussures. Peut-être des chaussettes de rechange mais c'est tout. De toute façon, avec la pénurie de la guerre, et le fait que les enfants grandissent, personne n'avait les moyens d'avoir beaucoup de change. Sauf à acheter des vêtements au marché noir, où cela coûtait cher. On avait une robe pendant la semaine et sur cette robe, quand on allait à l'école, on mettait un tablier.

Grand-mère avait les petites affaires personnelles qu'elle avait au début de la guerre. Elle était très amaigrie, oncle Paul aussi ; moi j'étais normale. Je n'avais jamais vu grand-mère comme ça. Non qu'elle ait beaucoup manqué de nourriture mais je pense qu'elle s'était fait beaucoup de souci. Comme elle avait des oignons, ses chaussures faisaient comme un gros sabot au bout de ses jambes fluettes.

Nous - c'est-à-dire les juifs non déportés, ayant survécu au génocide - prenions nos repas dans un grand réfectoire au rez-de-chaussée. C'est là où venaient les gens de l'extérieur. Les déportés étaient à l'hôtel Lutétia, mais certains, dont la santé le permettait, pouvaient rejoindre leur famille rue des Rosiers, jusqu'à ce qu'ils trouvent un logement. Tout cela était temporaire. Je revois les « pensionnaires » assis aux tables de cette sorte de salon-réfectoire. C'est là où un après-midi, j'ai vu entrer un homme. A peine entré, plusieurs hommes se sont levés, notamment un qui s'est jeté sur lui et l'a roué de coups. C'était un kapo. Les kapos étaient les personnes - souvent recrutées parmi les prisonniers de droit commun les plus violents - chargées d'encadrer les prisonniers dans les camps de concentration. Ce devait être un kapo juif, un juif recruté par les nazis pour maltraiter les autres juifs. Il venait chercher sa famille aussi.

Au 1er étage, nous dormions dans d'immenses dortoirs. On aurait dit d'anciens ateliers. Hommes et femmes étaient séparés. J'étais à côté de ma grand-mère, nous tendions des morceaux de rideaux sur une ficelle pour faire comme un paravent, pour essayer d'avoir un petit espace privé où s'habiller et se déshabiller. Je venais d'avoir douze ans et commençais mon développement d'adolescente. J'avais une impression de saleté : il y avait juste un petit lavabo, nous allions aux bains municipaux.

Je me souviens d'une vieille Polonaise qui s'était adressée à grand-mère en yiddish. Ma grand-mère ne comprenant pas, elle s'était mise en colère, l'attaquant verbalement : elle nous dit que nous n'étions pas juifs si nous ne parlions pas yiddish. Après ce que nous venions d'endurer parce que juives, c'était outrageant !!

Mon allemand était *rusty*, comme fragmenté : je comprenais tout mais avais perdu la fluidité d'expression. Je trébuchais sur les mots ; me rappeler du vocabulaire prenait une ou deux secondes. C'est bien sûr revenu très vite, au bout d'un mois environ, puisqu'avec ma famille je ne parlais qu'allemand.

Nous sommes restés rue des Rosiers jusqu'en mai-juin 1945. Je me souviens du 1er mai : j'ai vu la neige tomber à travers les vitres. Nous avions très froid.

J'allais au lycée Victor Hugo, rue de Sévigné. J'y ai fini l'année scolaire 1945. Grand-mère et moi sommes allées vivre dans un hôtel rue du Parc Royal. Mon oncle Paul a loué une chambre rue de Malte, dans le 11ème arrondissement.

Pendant la guerre et tout de suite après, la vermine était abondante. Dans cet hôtel, les puces et punaises du lit nous démangeaient la nuit, montaient le long des murs. Au lycée, beaucoup d'enfants avaient des poux et des lentes, on appelait cela des lentilles. Les œufs des poux s'accrochaient et sur mes cheveux noirs c'était visible ! Il a fallu que grand-mère m'achète un peigne spécial et que j'aille me faire couper les cheveux chez un coiffeur à côté de l'hôtel. Il fallait constamment se rincer au vinaigre, les poux étant tenaces et chaque enfant réinfectant l'autre.

Dans la chambre d'hôtel, il y avait des facilités de cuisine : un réchaud à gaz, une petite table. Le savon était de mauvaise qualité, nous nous lavions mais manquions quand même d'hygiène. Les toilettes, crasseuses, étaient sur le palier.

Nous avons continué les recherches pour retrouver ma mère. Plusieurs comités et services de recherches nationaux ou internationaux se sont créés après-guerre. Parmi ceux-ci le S.E.R., à qui nous écrivîmes. La réponse vint le 30 octobre 1945, alors que nous habitions déjà rue d'Ulm. Une lettre nous apprenant que ma mère avait été déportée le 29 juillet 1942 de Drancy à Auschwitz et qu'elle ne se trouvait pas sur la liste des personnes libérées des camps. Le camp d'Auschwitz avait été libéré le 27 janvier 1945.

Dès que nous avons su que ma mère n'était pas sur cette liste, je me suis mise à rêver le destin de ma mère…

Pendant très longtemps et encore aujourd'hui, même si cette cette croyance s'amenuise avec le temps, j'ai pensé qu'un jour je reverrais ma mère. Qu'elle était quelque part dans ces étendues immenses à l'est, dans des champs semblables aux steppes russes… Pourquoi la Russie je n'en sais rien ! J'ai longtemps fait le rêve que j'allais à sa recherche. Dans ma solitude, je traversais un champ, mais labouré de sang. Le rêve était en couleurs - je voyais le sang rouge.

La rue du Parc royal était étroite. En face, il y avait un vieil hôtel particulier, très beau. Ma fenêtre était ouverte et je regardais au dehors. Il y avait un soldat américain à la fenêtre d'en face. Il me fit voir une orange comme s'il me la proposait. J'ai acquiescé. Il me l'a lancée à travers la rue ; elle est entrée dans ma chambre ! C'était ma première orange. Je ne me souvenais même plus du goût que cela avait. J'ai lu que des décennies plus tard, il a été reproché au général J. C. H. Lee, commandant des troupes de libération à Paris, d'avoir fait livrer des oranges d'Afrique du Nord à ses troupes dans la capitale au lieu de celles du front.[1] J'en ai ainsi profité !

Paul avait réussi à avoir une représentation de maroquinerie. Il avait acquis une bicyclette. Je savais en faire et aimais ça. Je la lui ai empruntée pour faire un tour du quartier. En face du square rue Payenne, j'ai réussi à tamponner l'une des très rares voitures qui circulait à l'époque à Paris ! La roue de devant était voilée. J'étais tombée par terre, mais surtout j'avais une peur atroce de rentrer et de dire à mon oncle que j'avais abîmé son vélo, qui était son gagne-pain. C'était un homme généreux mais il a été furieux. Je n'ai plus jamais pu utiliser sa bicyclette.

Nous sommes restés dans ce quartier jusqu'à la fin de l'année scolaire, puis mon oncle a activement cherché un appartement dans son quartier d'avant-guerre.

Nous nous sommes installés 38 rue d'Ulm. C'était un petit appartement au rez-de-chaussée, donnant sur la cour. Elle était en partie pavée. Au fond à droite, une petite cabane en pierre et à gauche devant nos fenêtres, une grande jardinière bordée de pierres. La première chose que mon oncle fit : acheter des graines de radis et les semer. Il adorait les radis ! La cabane au fond du jardin était occupée par une chatte et ses petits. C'était mon bonheur.

Plusieurs fêtes de bienfaisance étaient organisées après guerre pour les survivants. Il me semble que pour une fête religieuse juive, on nous a invités dans une salle de spectacle, peut-être au théâtre des Champs-Elysées. Il y avait un spectacle pour enfants puis une distribution de paquets. Ce jour-là ou un autre, je reçus un paquet dans lequel j'ai trouvé

---

[1] A Genius of war, Carlo D'Este, Harper Collins, 1995.

une magnifique paire de chaussures. Elle venait des *quakers* aux États-Unis. Le cuir était couleur caramel, les lacets en cuir avec d'épaisses semelles de crêpe : après mes sabots et chaussures à semelles en bois, ces chaussures étaient une bénédiction, le nec plus ultra ! Ce fut un superbe cadeau, j'en ai été extrêmement reconnaissante à la petite fille américaine qui me les a léguées. Après la guerre, tout le monde ne parlait que de reconstruction, du plan Marshall...mais nous n'avions rien. Orange, bonbons, chaussures : tout ce qui était concret, direct - souvent américain - était sublime.

La rue d'Ulm fut peu à peu meublée et décorée : notamment avec cinq caisses emballées au Luxembourg qui arrivèrent le 9 septembre 1946. Une certaine Mme Didong avait respectueusement gardé toutes les caisses que ma mère lui avait confiées. L'unes d'elles contenait le grand portrait de ma mère lisant. Il avait donc survécu à la guerre ! C'était un bien très précieux, le seul bien matériel rescapé de l'avant-guerre !

J'ai été inscrite au lycée Fénelon en 5ème. Comme le lycée avait été occupé et était en travaux, cette classe se trouvait pour six mois au lycée Montaigne, rue Auguste Comte, au lycée de garçons. J'ai fait une 5ème moderne : maths, sciences et langues. Oncle Paul m'avait découragée de faire du grec et du latin, qu'il trouvait inutiles. De plus, je n'avais pas fait de latin dans le bout de 6ème que j'avais fait en Normandie, avant de finir l'année à Victor Hugo. Il fallut que je m'applique pour être de niveau 5ème à Fénelon. Il y avait des élèves brillantes. À la maison, je m'étais fabriqué un bureau de bric et de broc avec les planches des caisses venues du Luxembourg, ainsi qu'une petite lampe. J'étudiais souvent tard le soir. La voix de mon oncle s'élevait, m'ordonnant de fermer la lumière. « Tu en sais déjà trop ! », hurlait-il. Quelle incompréhension de ma situation !

En rentrant du lycée à midi, j'avais pour habitude de faire quelques courses rue saint Jacques chez un crémier et un boulanger. Il m'était impossible de rentrer à la maison sans avoir goûté le croûton frais de la baguette, même si je me faisais gronder en rentrant !

Je me souviens aussi des attroupements de garçons au pied des Arts Déco rue d'Ulm, presque en face de chez nous. Quand je les voyais, je ne voulais pas passer - j'avais peur de leurs moqueries ! J'attendais qu'ils se dispersent. Les écoles n'étaient pas mixtes et j'étais très intimidée par les garçons. D'ailleurs, je connaissais seulement le frère de mon amie Fabienne, et les fils Parigny.

Le mur en pierre de la cour était mitoyen avec le jardin d'un couvent aujourd'hui disparu. J'endentais les Sœurs marcher en chantant et récitant les prières. Du quartier de la rue d'Ulm émanait une douceur de vivre. J'y vivais dans l'irréel, pour ne pas être rongée. Je pensais que ma mère aurait aimé être dans ce lieu. Je la sentais près de moi.

Fin 1945, oncle Martin est venu d'Angleterre nous rendre visite. Ce fut un moment désastreux pour moi. Et émouvant pourtant, car les deux frères se sont retrouvés comme deux adolescents. C'était la première fois qu'ils se revoyaient depuis la guerre. Grand-mère a raconté à Martin le destin de ma mère. Il en a été terriblement attristé mais n'a pas pleuré. Oncle Paul lui a ensuite raconté ce qui nous était arrivé pendant la guerre. Parlant de moi, Paul a dit « Elle a aussi souffert comme nous tous ». Martin a répondu « Ce n'est rien à côté de sa mère. » Cela m'a transpercée comme un poignard. Moi qui culpabilisais déjà si facilement ! Ce que j'avais souffert était-il si peu important ? J'étais outrée et meurtrie par sa réaction. Je n'avais jamais eu un fort sentiment pour lui ; cela a été la fin.

En fait, jusqu'à ce que j'entende cette conversation, je n'avais pas réalisé que j'avais souffert. Il a fait venir quelque chose à la surface qui n'était pas là auparavant. Aujourd'hui, je me fais la réflexion suivante : ma mère, du Luxembourg, avait écrit des lettres suppliant Martin de l'aider, mais il n'avait rien pu faire. (Alors que ma mère avait hébergé une amie à lui à Luxembourg ville). Peut-être a-t-il retourné vers moi ce qu'il se reprochait à lui-même ? J'avais survécu et il m'en voulait…

Un autre souvenir de son court séjour. C'était encore un temps de pénuries où tout était rationné. Oncle Paul collectionnait tout. Oncle Martin voulait une aspirine. Paul ouvrit un placard où l'on apercevait des pilules sur l'étagère, des clous et des bouts de ficelle sur la porte. Il donna une pilule à son frère qui s'étonna, mi blagueur, mi sérieux : « Mais comment est-ce que tu peux savoir ce que tu me donnes ?! »

Mon grand développement, ma formation spirituelle majeure, ce fut au lycée Fénelon, rue de l'Eperon. J'y ai rencontré des filles extraordinaires et formé des amitiés adolescentes qui, si je les retrouvais aujourd'hui, seraient sûrement encore vivaces.

Ma grande amie à l'époque était Fabienne Guillermont. Elle habitait au 27 boulevard Saint Michel et était membre des éclaireuses neutres de France. Elle était bonne élève et excellente en mathématiques, ce qui lui valait toute mon admiration (j'aimais les maths mais je devais les travailler). Elle venait d'un milieu bourgeois. Son père était ingénieur. Son grand frère était charmant, il devait avoir 17 ans. Elle avait aussi un petit frère ou une petite sœur. J'allais goûter chez elle et elle venait à la maison. Chez elle, c'était plus contrôlé que chez moi. Très gentils, ses parents n'autorisaient néanmoins pas à monter sur les lits. Alors que rue d'Ulm, il y avait une alcôve, et en fermant les rideaux on transformait le lit en scène. Nous montions des pièces quand grand-mère et oncle Paul étaient de sortie ! Nous étions souvent trois amies. La troisième était une certaine Guilleminot, dont j'ai oublié le prénom. Elle habitait rue Claude Bernard.

Je suis entrée au scoutisme, dans un groupe en partie formé de filles de ma classe. Le scoutisme entrait dans ma forme d'esprit : j'étais attirée par la nature, la géologie, les animaux. Le scoutisme en représentait les travaux pratiques -

bricolage, travaux manuels : je fabriquais moi-même bancs, tables, lampes…comme plus tard les habits de mes enfants. La sociabilité, le fait de se dépasser, les bonnes actions, l'entraide : j'aimais ces efforts qui me faisaient vaincre ma timidité d'adolescente.

De plus, le lycée Fénelon était peuplé d'enfants de professeurs, les groupes rassemblaient des adolescentes de tous âges et les discussions volaient haut. Les sujets allaient de la vie à la mort en passant par les croyances et les religions. Sans aucun prosélytisme, chacun exprimait ce qu'il croyait. J'étais prête pour la discussion sur dieu, et j'ai vu que ce qui me correspondrait le mieux serait de ne pas croire en dieu ni à aucun dogme.

Nous essayions aussi d'intégrer des filles défavorisées, qui vivaient dans des taudis, dans des milieux alcoolisés. Le dimanche j'allais chercher une petite brune très gentille rue Mouffetard. Je me souviens de cette rue pentue, emplie de marchandes des quatre saisons avec charrette-plateau. Elles portaient des chaussures de raffia tressé, avec semelle de bois, et fourrées de peau de mouton pour leur tenir chaud. Certaines n'avaient pas l'autorisation de commercer et dès que l'une d'elles voyait les gendarmes arriver, un sifflement strident alertait toutes celles qui étaient dans la même situation ! Elles se cachaient alors dans un corridor ou une ruelle pour ne pas payer de taxes.

J'ai fini la 4ème en 1946 - 1947, rue de l'Eperon.

J'ai vécu une adolescence difficile. Oncle Paul avait des idées bien arrêtées sur ce que devait être une jeune fille de bonne famille. Elle ne devait pas en tous cas être scout ni éclaireuse. Il me parlait de ces filles qu'il voyait dans les autobus, sac au dos, assises jambes écartées, vraiment pas *ladylike* ! Alors que le scoutisme était mon bonheur, ma famille, je m'y sentais comprise. Pourtant, j'ai aimé la nature grâce à l'oncle Paul, qui dessinait très bien et qui, avec ses yeux de peintre, m'a fait découvrir la beauté d'un arbre, les multiples couleurs d'une écorce. Mais il s'opposa à ce que je parte en camp scout. Je pense que c'est la seule fois de ma vie en France où je me suis agenouillée en le suppliant. Il a cédé. Premier camp scout dans la propriété d'un château de la Creuse, second à Saint Mards d'Ouilly en Normandie. J'ai aussi pu aller au « *Grand jamboree scout* » de 1947, la 1ère réunion mondiale d'après-guerre, qui a eu lieu en France à Moisson. J'ai continué le scoutisme en Amérique jusqu'à 19 ans.

J'ai aimé cette période non seulement à cause des amitiés que j'avais liées mais aussi pour la découverte de certaines matières au lycée. Je crois que je n'ai jamais manqué un cours de ma vie. Il fallait vraiment que je sois très malade ! J'étais comme une éponge : j'avais une soif de savoir, je voulais savoir comment les choses marchaient. J'aimais l'école, et en particulier une jeune femme lumineuse, une prof de sciences naturelles qui a fait mon éveil à la géologie - la structure des pierres notamment -, à la science et tout ce qui va avec. Une passion qui ne m'a pas quittée. Mais être géologue - ce dont je rêvais - était ridicule et sûrement pas un métier pour une femme, d'après mon oncle.

Il devait nous faire vivre. Au début, il avait un maigre salaire et nous partions de zéro : nous n'avions rien de rien ! Puis il commença à bien gagner sa vie.

Pour aller rue de l'Eperon, je prenais le bus 38 et il me donnait de l'argent pour cela. Comme je n'avais pas d'argent de poche, si je voulais m'acheter quelque chose, il me fallait marcher de la rue d'Ulm jusqu'à la rue de l'Eperon. C'est ainsi que j'ai trouvé rue Claude Bernard un libraire d'occasion. J'y ai acheté des livres de la « Bibliothèque verte ». J'en ai encore certains. Derrière la place Saint-Michel, place Saint-André-des-Arts, il y avait un magasin qui vendait échantillons de pierres et instruments pour géologues. C'est comme ça que j'ai acquis ma collection de pierres que je ne pouvais trouver dans mes promenades au parc de Sceaux. Ces petites pierres étaient mes joyaux…

Tous les trois, nous nous retrouvions dans des rôles traditionnels. Grand-mère, la mère. Oncle Paul, le père. Moi, l'enfant. J'étais adolescente, j'avais mes propres idées, eux étaient d'un milieu petit-bourgeois. Les dimanches après-midi nous allions voir quelques amis âgés et je m'y ennuyais royalement. Pour les saluer, je leur serrais la main en faisant la révérence ! J'avais appris la génuflexion à l'église !

Oncle Paul m'a beaucoup apporté. Il m'a initiée à l'opéra, en nous prenant des billets pour « Mignon » d'Ambroise Thomas. Nous étions dans une loge tous les deux. J'ai beaucoup aimé. Mais lui ayant vécu un an à Milan, allant aussi souvent qu'il pouvait à la Scala, il avait tout vu. Il s'est endormi et s'est mis à ronfler au milieu du spectacle ! Je le réveillais doucement en le tapotant : « *Onkel Paul ! Onkel Paul !* »

Il a tout de suite eu des amies féminines. C'était un séducteur mais pas un Don Juan. Il aimait les belles femmes. Mais une à la fois ! J'en ai connu trois. Le 14 juillet 1946, nous étions allés à la terrasse d'un café boulevard saint Germain avec l'une de ses amies. Les gens dansaient au milieu de la rue au son de la musique. Mon oncle était excellent danseur, de danses de société. Il m'a invitée à danser en m'apprenant des pas. Ceci sous l'œil jaloux de son amie. Elle était venue pour être avec lui et se retrouvait assise à une table à nous regarder danser !

Je me souviens d'une autre amie de mon oncle, Régine. Elle nous avait tous trois invités à prendre le thé chez elle. Elle vivait dans un appartement un peu comme celui de la modiste, tout décoré de satin blanc. Elle était communiste, mon oncle était plutôt de droite. Et les discussions allaient bon train, elle habitant dans ce luxe et défendant des valeurs que l'on aurait pensé différentes ! Elle répétait que l'appartement n'était pas à elle, qu'elle le louait. Elle était aussi venue dîner à la maison et pour l'occasion je m'étais mis du vernis à ongles incolore. C'est le seul maquillage que je me sois mis à cette époque. Lorsqu'elle vit cette laque à ongles, elle entra dans une diatribe sur les coutumes bourgeoises. Elle qui vivait dans du satin !

Paul m'a aussi inscrite à une piscine dans le quartier latin, où j'ai appris à nager. Il se sentait obligé de passer du temps libre avec grand-mère et moi. En riant, il disait remplir son devoir familial. Les dimanches après-midi, il nous emmenait au Jardin du Luxembourg ou bien de temps en temps au Parc de Sceaux, en prenant la ligne de Sceaux.

C'est aussi à cette période que Paul m'acheta de premiers vrais habits. Robe, manteau, ainsi que ce beau sac en raffia, choisi rue de Rivoli, que l'on pouvait porter en bandoulière. Il avait bon goût et me laissait choisir. Il m'a aussi acheté mon premier stylo à encre - grand événement ! Ce magasin de stylos se trouvait boulevard Saint-Michel, près de la rue Soufflot, sur la gauche en descendant. C'était une révolution car nous écrivions à la plume. J'ai été très fière de ce stylo et l'ai gardé longtemps.

Ensuite, très vite, il acheta une voiture : une Citroën noire 11, que nous prenions pour de petites vacances. En particulier un séjour mémorable à Saint-Germain-en-Laye, où nous avons passé les vacances de Pâques dans un hôtel-pension. À Saint Germain, sont venus Hans Isenberg - le grand ami de mon oncle, qu'il avait retrouvé - et sa femme Suzanne. Suzanne était une Française qui l'avait caché pendant la guerre. Elle était laide et exigeante. Oncle Paul s'apitoyait sur son ami Hans d'avoir épousé une femme pareille, si désagréable.

Dans cet hôtel, pendant que les adultes se reposaient sur des transats, je suis tombée sur un minuscule chaton qui avait un œil infecté. Je l'ai soigné, lui ai fait des bains d'œil à l'eau chaude. Puis j'ai eu l'idée de l'amener à Paris. Je savais qu'oncle Paul était contre, donc je l'ai simplement mis dans mon sac et nous sommes montés en voiture.

Malheureusement pour moi et le chat, il s'est mis à miauler. J'ai dû le laisser partir.

Mon oncle a essayé après-guerre de se mettre en relation avec mon père et sa famille qui se trouvaient à Rio. Comme je l'ai mentionné, les frères de ma mère détestaient mon père et le rendaient coupable de beaucoup de choses, sans doute y compris de la mort de ma mère. S'installait en eux un esprit de vengeance. Oncle Paul écrivit des lettres dans lesquelles il réclamait de l'argent, en disant que mon père avait manqué à son devoir et que c'était lui qui prenait soin de moi. Il appelait son beau-frère « *Monsieur Deichmann* », jamais Kurt.

De l'autre côté, ma famille au Brésil essayait de se mettre en contact avec ma mère. La première lettre, datée du 10 octobre 1942, sept semaines après sa mort, était adressée à ma mère par l'intermédiaire d'une entreprise suisse avec laquelle mon oncle Erich travaillait. Ce dernier envoyait 100 francs suisses à ma mère. Ensuite vint une lettre par l'intermédiaire de la Croix rouge brésilienne adressée à ma mère rue Caffarelli et datée du 13 avril 1944. Cette lettre transita par Genève et arriva à Paris en novembre 1944. Mon oncle Paul dût la recevoir dans les mois qui suivirent car il y répondit début 45 (pour demander de l'argent). La réponse fut reçue à la Croix rouge de Rio le 10 mai 1945 ! Pour dire combien étaient compliqués les échanges de courrier pendant et immédiatement après la guerre.

C'est seulement en 2000 que j'ai pu prendre connaissance de cette correspondance. Ces lettres m'ont été remises par mes cousines. J'ai aussi appris plus tard par ma tante Gerty que mon grand-père au Brésil avait toujours dit de moi : « On la retrouvera ».

Un lien très important pour la communauté juive allemande à travers le monde fut le journal « *Aufbau* » (« Construction »). Ce journal, créé en 1934, devint à partir de 1939 l'un des plus importants journaux antinazis en langue allemande. Hannah Arendt, Albert Einstein,

Thomas Mann et Stefan Zweig furent parmi ses contributeurs. Je me souviens d'en avoir vu des copies à la maison dès décembre 1944. D'ailleurs, c'est à partir de cette année que furent publiées de nombreuses listes de noms de survivants. Le journal publiait aussi des nouvelles de familles qui le souhaitaient. C'est ainsi que j'appris la mort de ma grand-mère paternelle à Rio.

Un après-midi de juillet 1946, grand-mère, mon oncle et moi sommes descendus chez le fameux glacier Dalloyau, rue de Médicis. J'y ai rencontré ma tante brésilienne Germaine, surnommée Gerty, et ma petite cousine Myriam, de dix ans ma cadette, qui étaient en voyage en Europe. La conversation entre adultes allait bon train mais je n'écoutais pas. C'est après que j'ai su que Gerty était venue pour me récupérer. Mais grand-mère a dit « J'ai perdu ma fille, elle m'a confié ma petite-fille et tant que je vivrai elle restera avec moi. » Donc je ne suis pas partie au Brésil et je lui en suis fort reconnaissante.

Entre-temps, oncle Paul avait repris les démarches d'avant-guerre pour notre émigration en Amérique. Je ne réalisais pas du tout ce qui allait m'arriver. Il hésita à partir lui-même, puis il pensa qu'il aurait un avenir résolument meilleur là-bas. De plus, il voulait retrouver l'amour de sa vie, Hannelore Weil, qui avait émigré à New York avant la guerre.

Les papiers pour l'Amérique furent prêts. Au printemps, nous avions notre « *affidavit* ». Mon oncle réserva la traversée. L'une des seules possibilités en 1947 était de prendre les bateaux de convoi militaire reconvertis en passagers. Les bateaux de ligne étaient sans doute réquisitionnés.

J'ai quitté la France le 31 août 1947 avec grand-mère et oncle Paul pour un court séjour en Angleterre chez l'oncle Martin. Le voyage de Paris à Londres fut magnifique : nous avons pris la « Flèche d'or », train de luxe qui faisait Paris-Calais puis Douvres-Londres. À Calais, un bateau nous transporta à Douvres d'où un train anglais, le « *Golden arrow* », nous achemina à Londres. De ce voyage me reste un souvenir grandiose. Je me souviens des falaises blanches d'Étretat. Elles brillaient au soleil de l'après-midi. Ce furent les dernières images de ma *douce France*.

Je ne pouvais m'imaginer ce qui m'attendait de l'autre côté de l'Atlantique.

XIV - Un bateau pour New York… puis pour la France (septembre 47 - décembre 53)

C'est par une journée de fin d'été, le jeudi 12 septembre 1947, que nous embarquâmes pour l'Amérique à bord du « *SS Marine Jumper* ». Ce bateau faisait partie de la flotte de transport de troupes militaires pendant la deuxième guerre mondiale. Il pouvait accommoder plus de six mille hommes à son bord. Mon oncle aurait préféré un paquebot de ligne, mais la liste d'attente était trop longue. Pour immigrer aux États-Unis, j'avais un passeport-accordéon de 19 pages et plein de lettres et documents attestant de mon parcours.

La configuration intérieure du bateau n'avait pas changé depuis la guerre. Nous dormions dans des dortoirs aménagés en rangées de trois lits superposés. Avaient subsisté également les chambres particulières des anciens officiers. Je pense que grand-mère et oncle Paul avaient une chambre à part. Dans les réfectoires, de multiples rangées de longues tables. Elles avaient un petit rebord en bois afin de retenir assiettes et verres en cas de tangage. J'avais un mal de mer épouvantable. Ces bateaux n'avaient pas la stabilité des grands paquebots. Je suis restée couchée trois jours pour ensuite me lever et rester sur le pont. La traversée dura dix jours. En m'établissant ainsi sur le pont, je pouvais suivre des yeux le mouvement du bateau…et de ses passagers ! Nous étions beaucoup de jeunes à bord. J'ai sympathisé en particulier avec une étudiante française et un scout guatémaltèque qui revenait du « *Jamboree* ». Il était aisé de se reconnaître entre scouts puisque nous avions coutume de porter un petit insigne, telle une petite broche pour les filles, sur le col ou un revers. Nous étions de nombreux Français et fîmes une grande fête à bord.

Nous sommes arrivés à New York le 22 septembre 1947, après être passés au contrôle de l'immigration d'Ellis Island, petite île derrière celle de la Statue de la Liberté, que j'ai prise en photo ! Débarquer fut compliqué, car le maire de New York, Fiorello LaGuardia, venait de mourir, et la ville était en deuil. Ce jour-là, les dockers ne déchargeaient pas les bateaux et nous avons dû rester à bord une nuit de plus !

Tante Ida nous attendait sur le quai. Mais avant de débarquer, mon oncle Paul me recommanda fortement de ne parler à aucun étranger. Il m'a fait comprendre qu'un représentant de la famille de mon père serait peut-être sur le quai.

Mon journal intime ne continue presque pas après cette date… Forcément, je pleurais tous les jours ! J'étais à nouveau totalement déracinée.

À part Léon Bock, qui immigra aux États-Unis au début du XXème siècle et dont la famille n'avait aucune nouvelle, quatre frères et sœurs de grand-mère échappèrent au régime nazi entre 1939 et 1940. Ce furent Jules, Karl (et sa femme Erna), Théodor et Ida. Comme tous les immigrés politiques désargentés, il leur fallait gagner leur vie. Tante Ida maîtrisant très bien la langue anglaise retrouva vite du travail dans une administration privée. Les frères et Erna, pour qui les activités commerciales étant difficiles à trouver, travaillèrent dans l'industrie comme ouvriers ou dans la restauration. Je n'ai pas connu mes grands oncles Karl et Théodor, ils sont décédés d'un cancer quelques années après leur immigration. Celui de Théodor était directement imputable à son travail de peinture au radium. En arrivant à N.Y., grand-mère et moi-même fûmes logées quelques semaines chez tante Erna. Elle travaillait dans un atelier de couture et était payée à la pièce, un travail harassant. Cette femme de forte corpulence menait la vie dure à ma pauvre grand-mère.

Mon oncle Paul, dont l'anglais était très bon, avait trouvé un travail de vendeur très vite. Il a loué quelques chambres dans un appartement sur Broadway. De nouveau du provisoire. C'est dans cet appartement qu'arrivèrent nos malles et les caisses de ma mère. Ces dernières n'ont pas été déballées par manque de place. En découvrant mes affaires personnelles, et en particulier ma collection de pierres, chacune enveloppée séparément, mon oncle fit un esclandre. Il m'accusa de lui coûter déjà assez au quotidien, sans devoir ajouter des frais pour le transport de choses inutiles. J'étais anéantie par ses paroles. J'étais une charge pour lui, il me l'a souvent répété dans ses moments de colère. À cela s'ajoutait le fait que j'étais sans repères dans un nouveau pays et une ville étrangère que je n'aimais pas. Il m'ôtait encore un peu plus de la France et de mon passé.

De dépit, le lendemain, je pris mes précieuses pierres et mes souvenirs et les jetai dans l'incinérateur de l'immeuble. Il y avait ces « *incinerators* » à chaque étage dans les parties communes. J'étais désespérée. C'était comme un suicide - si j'avais pu disparaître avec mes pierres, je l'aurais fait.

Un autre point d'achoppement entre mon oncle et moi fut ma scolarité. J'aurais aimé intégrer le lycée français de New York, institut privé, mais il n'en était pas question. Il fallait que je m'adapte à la société américaine, me disait-il, et il m'envoya à la George Washington High School, lycée gratuit. Il se trouvait tout au nord de Manhattan et j'y accédais en métro. C'était une énorme école d'environ 3 000 élèves, dont Henri Kissinger quelques années auparavant. J'avais appris l'anglais une année à Paris, en 2nde langue. Ma connaissance de l'allemand m'aida énormément à l'acquérir rapidement. Je me mettais régulièrement devant le miroir de la salle de bain et articulais « *Brown cow now* ». C'était la prononciation qui était le plus difficile. Au bout de six mois, je pouvais parler l'américain. Une fois de plus, je voulais paraître comme les autres élèves. Même si au fond de moi-même j'en étais à cent lieues. La culture des filles américaines de mon âge étaient extrêmement différente de celle des Européennes : elles se maquillaient, ne parlaient que de garçons et de voitures. Je me suis surtout rapprochée des Européens. Mon 1er groupe d'amis a été un groupe de Russes blancs, avec qui je jouais au tennis. Mais ils étaient tellement fantaisistes en termes d'organisation que je me suis éloignée d'eux. J'avais perdu tout ce que j'aimais, mon avenir me semblait bouché. J'ai à nouveau dû faire un deuil partiel de moi-même.

Les vents du nord du *uptown* Manhattan et du Riverside drive me glaçaient. Il fallait se couvrir le visage. J'ai eu des sinusites et mes premières migraines. De la rue d'Ulm à Washington Heights, quartier juif allemand de New York, la déchirure était si brutale que j'ai pleuré pendant six mois ; d'un monde à l'autre à 14 ans et demi… Ce déracinement était insoutenable.

Entre temps, mon oncle avait trouvé un bel et grand appartement au croisement 900 Riverside Drive et 161ème rue, où nous avons tous vécu ensemble. Grand-mère, Paul (sa femme arriva par la suite, à leur mariage en 1951) et moi, ainsi que mes grands-tantes : Ida, Friedl, revenue du camp de concentration de Theresienstadt et qui arriva en 1948, mon oncle Jules et sa femme Cilli. J'ai vécu là jusqu'à mon départ pour la France après mon mariage fin 1953, puis à notre retour, en couple, de 1955 à 57.

Il y avait un grand couloir comme une piste de bowling. Les sept pièces étaient côte à côte, sauf une salle de bains, une chambre de bonne et la cuisine, qui donnaient sur l'arrière. Les autres pièces donnaient sur le Hudson, les parcs et tennis, des pelouses qui montaient sur ce terrain en pente. Ma chambre se trouvait toute proche de l'angle de la rue. La chambre de grand-mère était la plus belle, pile à l'angle. D'ailleurs, plus tard, elle disait : « Je ne veux pas partir en vacances, c'est tellement beau ici ! » On voyait le New Jersey et le George Washington bridge. Sur le Riverside Drive passaient peu de voitures. C'était un appartement chic mais dont nous occupions chaque pièce : dans le salon, je me souviens des « *French doors* », portes vitrées à deux battants, qui abritaient un sofa-lit que Cilli et Jules repliaient tous les jours.

L'immeuble, de six étages, avait été construit en 1921 dans ce quartier qui était huppé avant la Seconde guerre mondiale. Puis moins, avec les réfugiés européens désargentés. Les blancs en sont partis à la fin des années 50. Par la suite, il est devenu noir et portoricain, un repaire de gangs. Récemment, l'immeuble a été complètement rénové dans sa splendeur d'origine, ainsi que tout ce quartier.

À notre étage se trouvait un appartement plus petit. Y vivait un groupe de femmes juives seules, amies de ma tante Ida, arrivées avant-guerre et veuves pour la plupart. Une professeure de chant qui s'accompagnait au piano, madame Hesse, madame Jonas, et un locataire, que nous appelions « le moine ». C'était un vieux garçon. Pour me faire un peu d'argent de poche, j'ai cousu des rideaux pour Mme Hesse et fait le ménage du monsieur. En remerciement, il m'a donné un magnifique réveil qui montrait les phases de la lune. Mon développement culturel et musical continuait à New York. Madame Hesse était très mélomane et j'ai été avec elle voir des répétitions publiques. J'ai ainsi assisté, envoûtée, à mon premier grand concert (une répétition générale) : Bruno Walter dirigeait l'orchestre du New York Philharmonic jouant la « Symphonie inachevée » de Schubert. Ma première fois au Carnegie Hall fut pour aller voir « Aïda » au poulailler. J'avais une vue plongeante sur les seins de cette Aïda : cette voix si gracieuse dans un corps si gras !

Il y avait une bibliothèque française *downtown*, près du lycée français, très loin de chez moi. L'été de mes 16 à 17 ans, j'y ai dévoré ouvrage sur ouvrage : Zola, Balzac, Maupassant, Dostoïevski, que je lisais en toute liberté. J'ai toujours eu une boulimie de lecture. Petit à petit, je me suis recréé un monde.

À Paris, avant de partir, l'on m'avait donné l'adresse du groupe d'éclaireuses rattaché au lycée français. J'ai rapidement intégré ce groupe et à partir de ce moment, tout mon temps libre et mes activités extra-scolaires se passèrent au lycée. Ce fut ma planche de salut. Tous mes amis étaient soit des français « de souche », soit des réfugiés comme moi. La majorité des élèves était venue à New York pour être à l'abri du nazisme ou de Vichy.

En 1946 se forma un nouveau groupe scout au Lycée français. Créé par trois anciens Eclaireurs de France : Robert Kaminker, Robert Boas et Boris Gorlin, tous trois de religion et de branche scout différente, ce qui rendit le groupe très œcuménique. Il était composé d'enfants de Français ou d'immigrés français qui se trouvaient à New York. Nous formions une section des Eclaireurs neutres de France. Nous faisions du scoutisme « à la française » - notre uniforme et la structure étaient français, et surtout nous n'avions pas adopté le confort matériel des scouts américains.

Nous nous sommes retrouvés également de toutes les strates de la société : de la très haute bourgeoisie aux petits émigrants, en passant pas des familles intellectuelles. J'étais l'une des rares du groupe qui n'allait pas au Lycée français. J'étais totalement branchée sur la France ! Dans cette petite communauté, nous écoutions « Douce France » de Charles Trénet *ad nauseam*... Nous discutions suicide, existentialisme... Les temps s'y prêtaient. La vie et la mort, certains d'entre nous les avaient affrontées.

Nous recevions les groupes scouts francophones passant par New York, tels les Canadiens ou les Martiniquais. Lors d'une réunion, j'ai rencontré Ambroise Lafortune, un prêtre canadien fort connu dans son pays. Il nous apportait les chants et le créole de Martinique, ainsi que des scouts de toutes les couleurs. Cela a été une grande ouverture pour moi, un contact avec les îles et le Canada. À New York, tout le monde se mélangeait, c'était vraiment international, alors qu'en France, les Scouts (catholiques), les Eclaireurs neutres, unionistes et les israélites étaient séparés.

J'ai correspondu avec des canadiens de longues années. Le père Ambroise mais aussi Louise Joubert, Gilles de Beauregard et Claire Dupond. Journalistes ou poètes impliqués dans le mouvement d'indépendance du Québec dans les années soixante. Le Lycée français, situé sur la 95ème rue et la 5ème avenue, était notre point de rassemblement. L'un des élèves français scout s'appelait Max Marest. Il était tombé amoureux de moi, mais ce n'était pas du tout réciproque. Le pauvre venait tous les jours au Washington High School. Comme je n'étais pas intéressée, il s'est découragé. J'aurais bien préféré son frère, Gérard, avec lequel j'avais défilé dans les rues de New York.

Vers quinze ans, j'ai formé une autre grande amitié avec une certaine Beate Friedman. Elle était née en Autriche. Ses parents avaient fui le nazisme et étaient divorcés. Elle avait mon âge, mais venait d'un milieu bien plus intellectuel. Sa mère m'a souvent accueillie chez elle. Cette dernière était remariée à Louis Rougier, le philosophe. Beate excellait en maths, était guitariste et scout. A chaque fois que nous rentrions des camps scouts, je passais la première nuit chez elle, où nous dormions par terre ! Par la suite je suis devenue cheftaine et éclaireuse aînée. Je me suis arrêtée peu avant mon mariage.

Fabienne Guillermont - de Paris - et moi avons correspondu environ deux ans, en 1948 et 49. Puis j'ai eu une telle nostalgie de la France que j'ai coupé avec mes anciennes amies de Paris. C'était insupportable, cela ne faisait que raviver mon manque.

J'ai fait partie d'une chorale française, vers 17-18 ans. J'y ai connu un garçon, mon premier amour. On répétait la « 9è » de Beethoven. J'étais tombée amoureuse de lui et n'avais jamais encore éprouvé un sentiment profond pour un garçon. Il avait 21 ans, me regardait de haut. Il travaillait et était scout, c'était un « aîné ». Il m'a emmenée au cinéma.

C'est avec lui que j'ai partagé mon premier baiser. Je l'ai revu aux bals et fêtes du lycée, nous dansions ensemble sur Charles Trénet. Il s'appelait Pierre Lair. C'était le fils d'un ingénieur chimiste qui travaillait dans le New Jersey et n'avait pas voulu retourner en France.

Premier baiser, premier chagrin d'amour. Il m'avait donné rendez-vous *downtown* mais m'a posé un lapin. Je l'ai attendu longtemps, il n'est jamais venu. Je suis rentrée boudeuse, contrariée. Grand-mère m'a demandé « Qu'est-ce qui t'est arrivé ? » ; je lui ai répondu fraîchement. Mon oncle entendant cela m'a giflée : « Tu ne parles pas à ta grand-mère comme ça ! » C'est la dernière gifle que je reçus de ma vie.

Avec le groupe nous avons aussi monté « Topaze » de Pagnol. J'y jouais une prostituée. Au moment de monter sur scène, je n'ai pas pu dire un mot ! Heureusement, il y avait des doublures et c'est mon amie Alice Lorsy, danseuse dans les ballets Balanchine, qui m'a remplacée. La vie artistique a toujours été florissante à New York, et nous Européens étions particulièrement gâtés : beaucoup de grands artistes s'étaient refugiés là. D'autres vinrent tout de suite après-guerre. C'est ainsi que j'ai pu voir Louis Jouvet jouer et donner une conférence.

Vers 18 ans, lorsque je suis entrée à l'université, j'ai aussi un peu fréquenté des étudiants américains. Certains de Columbia, dont l'un, étudiant en médecine, est venu me chercher à la maison pour aller à une fête d'étudiants dans sa *fraternity*, un de ces clubs d'université. Il m'a draguée dans cette *party*, une boum où les élèves se saoulaient, dans une ambiance écœurante de bizutages en tous genres… Obsédé par le fait de coucher avec moi, il m'a manqué de respect. Je me suis dégagée de ce bonhomme et suis rentrée dégoûtée. Il faut dire que les Françaises - et aux yeux des Américains, j'étais Française - avaient la réputation d'être des femmes légères.

J'ai ensuite connu le milieu des poètes et écrivains. Très ennuyeux et se prenant terriblement au sérieux. L'un d'entre eux est tombé amoureux de moi, m'a écrit des poèmes et chansons. Il était très respectueux, mais je n'étais pas prête : je l'ai planté en pleine course de taxi et ne l'ai plus jamais revu !

Dans ce milieu j'ai aussi rencontré une jeune femme : Stephanie Haïmov. Une réfugiée tchèque, très belle et gentille. Elle était infirmière ou médecin. Son ex-mari était écrivain. Elle parlait le français avec un accent slave, en roulant les 'r'. Elle était amie du biologiste Julian Huxley qui habitait Greenwich Village. Nous allions chez lui - je me souviens des très jeunes enfants de ce couple, de trois ans environ, devant écouter du Bach assis bien sagement ! C'est avec elle également que j'ai assisté à mes premiers concerts de jazz. J'étais fascinée par Gene Krupa à la batterie.

Peu de temps après notre arrivée, mon oncle a modifié son nom. Il est facile aux États-Unis de changer de patronyme légalement. Mon oncle s'est appelé Paul Caron au lieu de Aron et pensait ainsi échapper au préjugé à l'emploi. Car il ne faut pas croire qu'il n'y avait pas d'antisémitisme aux États-Unis. Il était très fort. Comme le racisme. Les noirs voyageaient à l'arrière des bus et des métros. Les new-yorkais allaient souvent en vacances dans les monts Catskills très proches. Certains hôtel-pensions avaient des pancartes sur lesquelles était inscrit « *Gentiles only* » (non-juifs seulement). Nous retrouvions un antisémitisme…affiché. Mais l'Amérique était sectaire et communautaire, donc nous ne nous en offusquions pas plus que ça ! Le communautarisme était institutionnalisé. Les immigrants s'y pliaient car de toute façon ils pouvaient vivre leur vie (sans avoir à fréquenter ces lieux de tourisme par exemple). Je me suis tout de suite mise du côté des noirs, qui me semblaient encore plus défavorisés et exclus que tous les autres.

C'est d'ailleurs en émigrant aux États-Unis en 1947 que je fus confrontée à la question de la nationalité. Non pas avec les autorités d'immigration, non pas du fait que je sois apatride - j'avais tous les papiers requis prouvant que j'étais une réfugiée provenant d'Allemagne -, mais avec les Américains ordinaires. Lorsque l'on me demandait de quelle nationalité j'étais, « apatride » était une réponse apparemment inadéquate. Ils voulaient savoir si j'étais Française, Allemande, Juive ! Lorsque je donnais quelques détails, la réaction était « *Mais alors, tu es Juive !* », ce qui avait le don de me faire bondir. Je ne me suis jamais habituée à ce genre de raisonnement. J'ai toujours pensé que le fait d'être juif n'est pas une nationalité, mais une religion, à la limite un fait historique. Il existait un groupuscule et une entité ethnique dans un pays du Moyen-Orient. Il y a environ 2 000 ans, ces juifs se dispersèrent de par le monde. Ils migrèrent surtout vers l'ouest. Malgré les rites et croyances de la religion, des mélanges avec d'autres populations eurent lieu. Depuis 2 000 ans, les juifs se sont abondamment mélangés aux autres ethnies. Visiblement, aux États-Unis à cette époque-là, on allait tout droit du Moyen Age au nazisme en occultant les sages de tous temps et en particulier le Siècle des Lumières ! La question juive est bien une question qui me taraude encore aujourd'hui. Selon la loi juive l'on reste juif (au sens de la judéité) même quand l'on a cessé d'être juif (au sens de la judaïté). L'on est juif de façon définitive.[1] Il était bougrement difficile de faire comprendre que l'on pouvait être apatride, juive et athée à la fois ! Surtout dans les années cinquante, en pleine guerre froide, quand être athée équivalait à être communiste.

J'ai fini la High School en 1950 et ai commencé l'université à New York. Là encore, un drame. J'ai choisi la géologie au Hunter college, une université pour filles. Mais mon oncle en a été furieux : « Ce n'est pas un métier de femme. Tu dessines bien, tu peux être styliste ou secrétaire. Écoute bien : si tu fais géologie ou autres cours inappropriés, tu devras payer un loyer et participer à ton entretien. » Donc j'ai arrêté, et après un semestre je me suis

---

1 Retour sur la question juive, Élisabeth Roudinesco, Albin Michel, 2009.

quand même inscrite aux cours du soir et ai trouvé un travail de gratte-papier chez Longines. J'envoyais des cartes aux gens pour les prévenir que leur montre était prête. De toute façon, mon oncle en avait assez de me nourrir, il me l'avait dit textuellement. Les cours du soir comprenaient histoire, anglais, maths…tout ce qui ne demandait pas des cours de « labo » en journée. Juste un petit tronc commun. Mais c'était très difficile de mener études du soir et job de jour.

En 1952, j'ai tenté d'être infirmière au Bellevue Hospital, l'hôpital public. J'y étais pensionnaire, j'ai suivi un cursus mêlant étude et pratique durant six à huit mois. J'ai vite réalisé que ce n'était pas pour moi. C'est surtout l'attitude des médecins - femmes ou hommes - vis-à-vis des infirmières qui était fort désagréable. Plusieurs incidents un peu humiliants ont émaillé cette expérience : une médecin qui m'a vue faire lever les bras à un cardiaque m'a insultée, me disant que je n'arriverais jamais à rien. Pourtant je ne savais pas qu'il était cardiaque. Heureusement, j'y ai connu Adele Meggers, une étudiante modeste, d'origine allemande, qui est devenue infirmière. Avec elle, nous avons fait cette chose folle pour l'époque aux États-Unis : de l'auto-stop sur l'autoroute de New York jusqu'au Texas, pour aller voir des copains d'une amie française de passage. C'étaient de jeunes apprentis pilotes, sur la base de Laredo ! On a frôlé pas mal d'accidents et d'agressions…mais un camionneur adorable nous a donné l'argent pour prendre le bus à l'aller. À Laredo, j'ai pu voler : j'ai piloté un petit avion - *the piper cub*. Ils se sont tous cotisés pour que nous retournions à New York en bus, en 72 heures…

J'essayais de contribuer financièrement à la vie familiale… J'ai pu acheter ma première robe (en coton bordeaux à petits carreaux blancs) grâce à une expérience de fille au pair dans une famille WASP où j'ai été très bien accueillie. Des Anglais d'origine, dans la nouvelle Angleterre, chez qui j'ai mangé un mémorable *oyster stew*. J'ai par la suite travaillé comme vendeuse, puis serveuse à Shelter Island, au bout de Long

Island, dans une pension familiale. Nous étions six jeunes serveuses, la clientèle était adorable. Comme je préparais très bien le chocolat chaud, un client m'a même décorée d'une médaille !

J'ai aussi été la gouvernante d'un garçon d'une dizaine d'années qui s'était cassé la jambe. Puis j'ai été chez le fameux fabricant de jouets Louis Marx. Je m'occupais de son dernier enfant dans une gentilhommière en dehors de New York. La mère était une *trophy wife*, une adorable et magnifique ex-mannequin.

Pendant ce temps, mon oncle continuait à faire des démarches auprès du gouvernement français en vue d'obtenir une pension pour moi. En 1946, il reçut une attestation du ministère des Anciens combattants et victimes de la guerre, certifiant que j'étais inscrite sur leur liste en tant que victime. En 1953, il écrivit à ce même ministère, demandant des réparations. La réponse fut négative car je n'habitais pas sur le sol français. Idem pour l'Allemagne, où je n'avais pas assez vécu !

Après ces expériences de travail, j'ai eu une grande discussion avec mon oncle car je voulais revenir en France. Ma nostalgie perdurait malgré tout. Avec mes économies faites chez les Marx, je voulais me payer le voyage. Mon oncle m'a dit « garde l'argent, ne fais pas ce voyage. » Mais en janvier 1953 je suis partie en bateau, sur le « Flandres », et revenue à New York en mars de la même année sur l'« Ile de France ».

J'ai séjourné à l'hôtel, non loin du Louvre. J'y ai rencontré mes amis d'Amérique, notamment Eliane Graf dont le frère était pilote. Celui-ci avait un ami qui s'appelait Raymond Lamy et était amoureux de moi. Il voulait m'épouser, mais ce n'était pas très concret. Je découvrais d'autres horizons : j'ai été skier avec lui à Méribel-les-Allues. J'ai surtout été si heureuse d'être à Paris…les croissants m'ont rassérénée ! Mais je n'avais pas la possibilité de rester : je n'avais personne en France et étais encore étudiante.

Sur le bateau du retour, j'ai rencontré un certain Jacques Debossu. Nous avons dansé ensemble, puis nous sommes écrit car il était à Denver sur une base aérienne. Il était charmant, bon danseur, respectueux et fin dans son approche, doux enfin. Il m'a raconté des mensonges sur sa famille, mais peu importait : il était Français ! J'ai été lui rendre visite au Colorado. Il a fait de gros efforts : nous sommes allés camper à Golden, ancienne ville de mines d'or. Il était fasciné par l'Amérique, il l'idéalisait autant que j'aimais la France : nous allions dans des directions différentes ! Il m'a proposé le mariage avant qu'il ne reparte en France. Il était très amoureux de moi. Par désespoir, j'ai dit oui. Mes proches n'ont pas réagi, ils m'ont laissée libre. Seul mon oncle Paul m'a dit : « On ne connaît pas du tout cette famille, j'aimerais embaucher un détective privé en France. » Mais j'ai refusé.

La veille du mariage, je sanglotais dans ma chambre. Grand-mère s'est approchée de moi et m'a dit « Si tu veux, Marion, on peut tout annuler », ce à quoi j'ai répondu « Non, je suis allée jusque-là, j'ai promis, c'est trop tard. »

Je me suis mariée le 30 septembre 1953 ; nous avons passé 2-3 jours de lune de miel dans un hôtel vers Times square. J'étais extrêmement pudique, je ne voulais pas me déshabiller.

Il a dû finir son engagement dans l'aviation en France et je suis retournée à New York jusqu'en décembre dans ma famille. Puis je suis repartie seule en France où Jacques est venu me chercher au Havre. J'ai vécu ma première grossesse à Reims. Puis nous avons vécu à Laon, dans l'Aisne, où mon premier fils est né en novembre 1954. Le père de Jacques avait perdu son travail, avait été déchu de sa pension. Ses parents vivaient avec nous… Après quoi ils ont trouvé une sorte de conciergerie à Bordeaux, où nous avons habité avec eux quelques mois.

Nous sommes repartis à New York en novembre 1955. Jacques, ne trouvant pas de travail qui lui plaisait, pensait qu'il en serait autrement aux États-Unis. En descendant du « Liberté », nous étions accueillis non seulement par la famille, mais aussi par un journaliste qui prit mon fils en photo et en fit la une du « New York World Telegram » du 30 novembre 1955 !

Au début, pour moi, la seule dimension positive dans le fait d'aller vivre aux États-Unis était la sensation que la guerre était vraiment derrière nous, passée. Je me suis ensuite habituée à ce pays et l'ai apprécié. La nostalgie de la France resta malgré tout au fond de moi.

Dans ma famille, il n'y avait pas beaucoup de contacts physiques. Alors que ma mère m'embrassait avant que j'aille me coucher, ni mon oncle ni ma grand-mère ne le faisaient : ce n'était pas dans les habitudes allemandes, au-delà de la prime jeunesse. Alors qu'en Normandie on s'embrassait cinq fois en se rencontrant !

Je dois préciser aussi qu'à New York avec grand-mère, durant toutes ces années, nous n'avons jamais reparlé de la guerre ! Grand-mère ne s'est jamais remise de la perte de tous ses biens, du déracinement, ni surtout de la mort de sa fille. Elle vivait uniquement du soutien des ses deux fils. Elle n'était pourtant pas une personne triste, elle me soutenait toujours lors de mes disputes avec mon oncle, et savait encore rire. À 67 ans, il est difficile de se réadapter et de s'adapter aux États-Unis. Grand-mère est d'ailleurs repartie en Europe en 1956, chez mon oncle Martin à Londres. Puis elle s'est endormie en 1973, à 93 ans, dans une maison de retraite. Je l'ai beaucoup aimée, mais je n'ai jamais vraiment pu le lui montrer.

XV - Ma vie en Amérique

Les années soixante en Californie furent extrêmement importantes dans ma vie. Le « temps de latence » était passé. J'ai pu reconstruire ma vie. J'étais jeune mère de quatre enfants, dont une handicapée. Nous habitions à Riverside, petite ville universitaire du sud-est californien. Malgré les problèmes financiers récurrents, ce furent des années d'éveil et de participation à la société qui m'entourait. Voir mes enfants grandir était une joie et une découverte. Je repris aussi activement mes études grâce à l'ambiance coopérative qui existait sur le campus, où des crèches étaient disponibles. J'ai aussi trouvé un travail à temps partiel à l'université de Californie, sur le campus de laquelle nous pouvions résider. De grands bouleversements s'étaient produits dans la société après l'assassinat du président Kennedy en novembre 1963, la guerre du Vietnam, l'invasion du Cambodge. Je participais pleinement à cette révolution, à mon futur, à notre futur. J'avais l'impression non pas d'être une victime soumise à son sort, mais que mon action pouvait changer les choses. C'était stimulant intellectuellement de prendre part à la politique de « mon » pays. En effet, c'est en 1961 que je devins citoyenne américaine, après tant d'années d'errance apatride. J'étais heureuse. J'ai pu me retourner et m'interroger sur mon passé.

La décennie suivante s'annonça très différente. Après une brève incursion à Zürich en Suisse en 1967, nous sommes retournés en France. Jacques avait retrouvé un poste intéressant et pensait que cela me ferait aussi plaisir. Mais je m'étais bien intégrée à la Californie, où j'avais vécu pendant treize ans, et mon passé devenait soudain lointain ! Pourtant, en juillet 1970, nous nous sommes établis à Lyon. J'y ai tout de même retrouvé un peu d'enthousiasme en menant quelques combats, notamment contre la centrale nucléaire Superphénix !

XVI - Retrouvailles avec mon père

Quelques années après avoir emménagé en Californie, j'ai eu envie de connaître mon père. Avec mon mari, nous étions avec nos trois premiers enfants. J'étais loin de ma grand-mère et de mon oncle. J'avais 28 ans. J'ai eu besoin de voir la face, quasi inconnue, de l'autre famille dont j'étais issue. J'ai écrit une longue lettre à mon père expliquant ce qui m'était arrivé et lui disant que j'aimerais le revoir. Que je n'avais aucun ressentiment, aucune envie de vengeance, je voulais juste le connaître. Nous nous étions quittés lorsque j'avais 4 ans. Ou plutôt il nous avait quittées.

La lettre n'a jamais reçu de réponse. J'en ai blâmé la Poste brésilienne, puisque j'avais trouvé son adresse à Rio via un avocat contacté par oncle Paul. De son côté, au Brésil, oncle Erich avait écrit en 1945 des lettres à la Croix rouge pour savoir si j'avais survécu. Ils ont su que ma mère était morte car oncle Paul le leur avait écrit.

Beaucoup d'années ont passé, je suis revenue en Europe en 1970. J'ai commencé à travailler à Genève en 1976 dans une organisation internationale, l'Organisation Mondiale de la Santé. Il s'y trouvait énormément de nationalités et j'y avais une amie brésilienne. Un jour de fête à la maison, j'ai simplement dit « Tiens, ma famille paternelle est au Brésil, à Rio. Mais je n'ai pas réussi à me mettre en contact avec eux ». Elle me dit d'emblée « Je pars là-bas à Noël, donne-moi son nom ». J'ai donné à cette collègue toutes les informations que j'avais ; elle partit là-bas et contacta ma tante. Celle-ci apparemment explosa de joie : « Donne-nous ses coordonnées, demain je parlerai à son père. » Elle m'a téléphoné, nous avons discuté en allemand, et elle m'a dit

« Ton père va t'appeler demain soir. » C'était à la toute fin décembre 1980.

Le lendemain, un père à la voix émue m'a parlé. Mon étonnement était d'entendre sa voix : belle, grave, et surtout parlant un allemand du nord (toute ma vie je n'ai entendu que l'accent du sud : de Bavière et du Baden-Württemberg). « S'il te plaît, viens ! » m'a-t-il dit.

J'y suis allée en avril 1981. Mon père était à l'aéroport avec des fleurs. Il avait 73 ans et moi 48. L'appartement était orné de fleurs de tous ses amis, de toute la famille. Et la famille était là. Mon père existait...comme tous les pères absents : ils existent, mais il n'y a pas de lien. J'avais entendu du mal de lui toute ma vie, ce qui avait augmenté ma curiosité : je me disais qu'on ne pouvait être complètement mauvais ! Je satisfaisais mon besoin de connaître mon « origine ».

La famille Deichmann est originaire de la région de Bremen, des petites villes de Syke, Hoya et Dörverden, où grand-père Ivan Deichmann est né. Il s'est marié à Rebecca Kahn du Luxembourg. Pour des raisons commerciales, ils se sont établis à Algrange, l'allemande Algringen à l'époque, lorraine par la suite. Ils avaient un commerce d'habits pour ouvriers. Leurs trois enfants ont été à l'école primaire en langue allemande. En 1918, on leur a plus ou moins donné le choix entre devenir Français ou partir, et ils ont choisi de rester Allemands. De plus, mon grand-père paternel - comme le maternel - avait combattu du côté allemand lors de la Première guerre mondiale, ce qui l'a rendu indésirable. Ils sont donc retournés à Syke. Le 10 novembre 1938, au lendemain de la Nuit de cristal, tous les hommes juifs de Syke furent arrêtés et internés le jour suivant au camp de concentration de Buchenwald. Grâce à l'intervention de mon oncle Erich, du consul brésilien de la région et du consul allemand de Rio, mon grand-père n'y resta que onze jours. Il en sortit le 22 novembre 1938 avec une lettre officielle, et surtout un visa pour le Brésil. Erich, en 1928, avait été rejoindre pour affaires un cousin qui s'était établi à Rio au tournant du XXème siècle. L'immigration de ma famille paternelle au Brésil fut rendue possible par son intervention, mais aussi du fait que la guerre n'était pas encore déclarée.

Mes grands-parents et leur fils Edgar réussirent à quitter l'Allemagne en décembre 1938. Mon père, qui était en Belgique, partit d'Anvers le 26 janvier 1939 et débarqua à Rio le 10 février 1939. Il avait 31 ans et laissa donc sa femme et sa fille derrière lui. Tous, en arrivant là-bas, en tant que juifs étrangers désargentés et ne parlant pas un mot de portugais, furent installés à Resende, à proximité de Rio. C'était une colonie agricole acquise par le Baron de Hirsch qui créa la « Jewish colonization association » en 1891. Il acquit ces terres qui furent divisées en petites fermettes. Mes grands-parents payèrent un loyer minimum et passèrent les années de guerre à cultiver leurs légumes, élever leurs poules, troquer entre eux pour survivre. Erich, qui était déjà Brésilien, vendait des poules et des œufs à Rio pour qu'ils aient quelque argent hors de cette autarcie. L'adaptation fut très difficile, surtout pour les plus âgés : ma grand-mère, isolée dans une ferme à la campagne, déprimait totalement, voulait se jeter dans la rivière… Elle avait tout perdu, se retrouvant à la charge de ses enfants, loin de sa culture d'origine… Quant à mon père, il disait toujours « *Mon malheur est d'être né Prussien !* » Il se sentait en décalage total avec cette société brésilienne tellement moins structurée, exacte et minutieuse que celle dont il venait.

Cela a été mieux quand ils sont descendus à Rio, où mon père a eu l'idée d'ouvrir un commerce de denrées alimentaires importées. Un jour, ma grand-mère, bonne cuisinière, avait fait quelques tartes et gâteaux allemands. Les clients de mon père en ont acheté, ont trouvé cela délicieux. Au bout d'une année, des clients lui ont dit : « Pourquoi ne feriez-vous pas que des pâtisseries, puisque le reste on peut l'acheter ailleurs ?! » C'est ainsi qu'il a lancé sa pâtisserie. Il a recruté un pâtissier allemand né au Brésil, d'autres ouvriers, et la « *Confeitaria Kurt* » est née. Petite, mais renommée. Grand-mère a continué à faire des gâteaux jusqu'à sa mort en février 1949.

Erich était dans les lunettes, Edgar a ouvert une usine de pièces électriques (à la retraite, il a fait de nombreuses conférences dans notre région d'origine sur le sort de la famille pendant la guerre). C'était une famille de travailleurs très rigoureux, Allemands jusqu'au bout des ongles ! À partir de 1959, mon père vécut dans un appartement rue Alberto de Campos. Ses clientes étaient ses amies, il recueillait leurs confidences. Il aurait pu faire fortune, la demande était croissante, mais il voulait rester petit - « Je n'ai pas voulu agrandir, j'ai eu peur de moi-même », m'a-t-il confié sans que je comprenne bien. Il voulait juste bien vivre, pouvoir partir un mois en Europe chaque été. La clientèle de mon père était essentiellement allemande, juive ou non. Beaucoup ne savaient pas que mon père était juif. Il ne s'affichait pas juif, ne le cachait pas non plus. Il faisait de la pâtisserie allemande et française : c'était neutre.

Ma cousine Evelyne a repris l'affaire. Elle a - enfin ! - mis quelques chaises pour faire salon de thé. À Pessah, elle prépare en supplément des gâteaux sans farine. À Hanoukka, elle fait une recette juive : de petites pâtes couvertes de noix, figues, fruits secs…

À partir de la rencontre avec mon père, j'ai eu la sensation d'avoir un protecteur. Je me suis sentie plus forte, ayant comme un appui, un filet, même lorsque celui-ci fut atteint de la maladie d'Alzheimer. Cette sensation perdura de 1981 au 23 février 2000, la fin de sa vie. Drôle de sensation que de me sentir en sécurité auprès d'un homme entré si tard dans ma vie ! Y aurait-il donc un attachement même sans vécu ? Les empreintes de la prime enfance semblent indélébiles… J'étais en plein Œdipe lorsqu'il est parti…

Un jour, je lui ai fait le reproche de nous avoir quittées. Il s'est effondré en larmes. C'était difficile de voir un homme âgé pleurer, et il n'était pas dans mon intention de lui faire payer le passé. Les années où nous nous sommes connus, il m'a appelée « *mein gutes* », le « chéri » allemand. Mon père a tout fait pour rattraper son absence. Il a dû vivre avec un sentiment de culpabilité aussi énorme qu'enfoui.

J'ai été effondrée lorsqu'il est mort. C'était la première fois que j'enterrais quelqu'un de ma famille… J'enterrais ma mère et mon père en même temps. Je suis heureuse d'avoir connu Kurt.

XVII - Épilogue

Aussi longtemps que je me souvienne, j'ai voulu écrire l'histoire de ma mère.

Sur le réel, j'ai construit une bulle afin de survivre. Pendant la guerre, j'ai toujours senti que j'étais en danger de mort, mais les choses ne me pesaient pas trop… Lorsque je faisais de multiples queues, par exemple, je ne pouvais savoir si c'était pour des inscriptions ou pour des aliments. Comme j'étais avec ma mère et qu'elle était tout pour moi, je me sentais protégée.

Depuis l'instant de sa rafle s'est formé en moi une culpabilité. Ma mère a été prise et est morte, et pas moi. Alors que si on devait mourir c'était ensemble. Car il aurait été tout aussi invivable que je sois morte et pas ma mère : j'étais sa raison de vivre. Et au même moment, malgré mon désir d'être avec ma mère, j'ai ressenti un soulagement qu'ils ne m'aient pas emmenée. Il y eut donc comme une fissure, une dichotomie en moi : le soulagement était un mauvais sentiment…mais c'était ma vie. Aujourd'hui encore, au quotidien, si quelque chose ne se passe pas bien, je cherche tout de suite à savoir ce que j'ai fait de mal, ce qui est de ma faute. Puis je m'en libère.

M'a-t-on volé mon enfance ?

Il y a une période de onze ou douze ans, plus longue que la guerre, que j'appellerais « le temps des nazis », où le nazisme dominait tout et ne m'a pas permis de vivre, d'exprimer pleinement mes curiosités ni rien de ce qui fait la vie. De 1933 à fin 1945, nous avons été limités sur tous les plans. Cette sorte de période comme retranchée de ma vie m'a fait avancer aussi. Peut-être que beaucoup d'enfants non juifs étaient confrontés aux mêmes questions, surtout s'ils avaient des parents dans la résistance, des pères prisonniers… Beaucoup d'enfants ont grandi sans père et sans personne faisant office de père. S'ils n'étaient peut-être pas confrontés de la même façon que moi aux questions de vie et de mort, eux non plus ne se sont pas développés dans un environnement normal.

Je dois dire aussi qu'il y avait à l'intérieur de ma famille de grandes divisions : dans la famille protestante restée en Allemagne, il y avait des sympathisants nazis. Certains membres de la famille, comme mon cousin Kurt, changeaient de trottoir quand il rencontrait une tante ou un oncle juifs. Le frère de ce cousin, Herbert, a été tué sur le front russe. Il avait été enrôlé dans la wehrmacht, pour Hitler. Tandis que d'autres mouraient à Auschwitz, à cause d'Hitler…

Toute sa vie, ma cousine Élisabeth m'a réclamé d'aller avec moi à Paris. Je n'en ai jamais eu envie car l'idée de parler allemand à Paris m'est insupportable. Cela me rappellerait trop les nazis. J'ai parlé allemand avec l'autre partie de ma famille, mais Élisabeth est trop liée à cette période…et cela reste difficile pour elle de parler de tout cela. J'en parle plutôt avec la jeune génération de ma famille allemande.

Je pense avoir une dimension « caméléon », mais n'ai jamais perdu mon identité. Il y a d'ailleurs une similitude entre mon cas et celui de mon arrière-grand-mère Élisabeth Wittmann, protestante convertie au judaïsme. Car tout en ayant baptisé et confirmé mes enfants, dont le père était catholique pratiquant, je leur disais en les élevant : « *You're a good Jewish boy !* » (« Tu es un bon petit juif ! »).

Je suis profondément de culture germanique, juive - je dirais même judéo-allemande -, mais aussi de culture française, américaine, un peu suisse, etc : une hybride, vraiment multiculturelle. Ce qui me permet d'être à l'aise dans beaucoup de milieux et de ne faire vraiment partie d'aucun. C'est pourquoi finalement je suis assez seule : tellement multiple que je n'appartiens à aucune culture. En somme, je me sens comme une « *potted plant* », une plante en pot : je me balade partout avec mes racines ! Il paraît que l'une des marches d'une cathédrale de Nürnberg porte des inscriptions en hébreu…je m'identifie à cette marche !

Ayant commencé à poser des questions seulement très tard aux survivants de la Shoah et aux autres, je peux seulement reconstituer les éléments qui m'ont été relatés, photos à l'appui. Ce que je sais, c'est que ma mère m'a donné la vie deux fois et je ne peux lui témoigner mon amour, ma reconnaissance de s'être sacrifiée, malgré elle, pour moi. Si j'en ai su plus sur son destin en 1945, j'ai eu des informations sur son convoi en 1997 seulement. Et j'ai retracé son parcours avec une certaine précision bien plus tard encore. Enfin, je me suis mise en quête de preuves de son décès. Car j'ai besoin de mettre un point final à la vie de ma mère. Et à cette histoire.

Ma mère me manque et m'habite à la fois. Un certificat de décès, tout comme le présent ouvrage, m'aiderait un peu à faire le deuil. Peut-on faire le deuil de quelqu'un qui sort de la pièce, à 39 ans ? Et pour toujours.

XVIII - Annexes

1. Histoire des juifs dans la Sarre

Les premières traces écrites des familles juives admises à Homburg remontent à 1330, lorsque la ville était une importante colonie celtique, puis une cité romaine, avant d'être détruite par les Alamans en 275 de notre ère. Homburg devait son développement économique à sa situation géographique aux confins des axes commerciaux de Strasbourg à Trèves et de Metz à Worms.

Les comtes de Homburg, fidèles vassaux de l'Empereur, sont mentionnés en 1172 en leur résidence du Château de Melburg, puis au Schlossberg. La forteresse et la ville se trouvaient près d'une route militaire et marchande très ancienne, à un carrefour stratégique entre la France et l'Allemagne. C'est pour cette raison qu'en 1330 l'Empereur Louis le Bavarois a conféré aux Comtes Frédéric et Conrad de Homburg les droits et privilèges de la ville. Homburg n'était en fait qu'un grand village et, après la mort du dernier de ses comtes en 1449, la ville et la forteresse revinrent aux comtes de Nassau-Sarrebrück. La ville connut à cette époque un essor éphémère ; on transforma la forteresse en château renaissance. Charles Quint accorda à la ville le droit de marché, condition essentielle pour son développement.

En 1555, le pape Paul IV ordonna que les juifs soient autorisés à habiter dans un seul quartier de la ville, le ghetto. En 1750, l'on recensait 300 juifs dans le duché.

La partie méridionale de la Sarre, y compris Homburg, fut rattachée à la France en 1661 puis subit la « politique des Réunions » de Louis XIV.

Vauban, reconnaissant l'intérêt stratégique du château, le transforma en place forte de 1680 à 1692. La ville fut entourée d'une muraille. Puis la Sarre fut annexée par la France révolutionnaire dont elle devint un département. Elle fut rendue à la Rhénanie en 1815, pour être à nouveau annexée à la France en 1918, lorsque le pays fut administré par la Société des Nations pour 15 ans. C'est à l'expiration de ce délai qu'elle fut rattachée au Reich en 1935, et ensuite occupée par la France en 1945.

Sur cette histoire politique vient se greffer l'histoire des juifs. Ils vivaient dans cette région depuis les Romains. Après le Traité de Verdun, en 843, qui a démantelé l'Empire de Charlemagne, s'instaure une société féodale très hiérarchisée, basée sur le droit de propriété terrienne. Or les juifs sont exclus des villes, ne peuvent plus être propriétaires et dépendent entièrement de l'empereur ou autre vassal qui peut les chasser selon son bon vouloir. Ils sont réduits au statut de serfs, vivant sous des vassaux émettant leurs propres lois (ce qui était plus ou moins le sort du commun des mortels). Certains sont plus ou moins protégés par ces seigneurs, moyennant un impôt important. D'autres errent dans la campagne, traînant derrière eux une misère extrême. Ils sont fréquemment soumis aux pogroms et brûlés vivants. Au Moyen-Age, notamment lors de la croisade de l'été 1096, furent détruites toutes les communautés juives de Lorraine et de Rhénanie.

C'est en 1330 que commença l'histoire de l'utilisation des juifs dans cette région. Parmi les droits et privilèges de la ville figuraient, entre autres, le droit de « posséder » et de protéger quatre familles juives, moyennant un « droit » d'admission et un impôt annuel. Certains juifs plus fortunés, dans les deux sens du terme, se virent promus « *Hofschutzjuden* » : juifs de cour.

Sous Louis XVI, le 13 novembre 1791, fut promulguée la « Loi relative aux juifs », par laquelle les juifs de France et du territoire français, y compris la Sarre, devinrent des citoyens comme les autres.

Sous Napoléon Ier, le 20 juillet 1808, la promulgation du Décret de Bayonne obligeait les juifs à adopter un patronyme définitif. Ils avaient un délai d'un mois pour s'exécuter, et la plupart d'entre eux conservèrent leur nom d'origine. Ce fut le cas pour mes aïeux, les Aron.

2. Les 13 Bock : identité et devenir de la progéniture issue d'un couple judéo-protestant

À partir de 1850 environ, il y eut beaucoup de mariages mixtes en Allemagne. Mon arrière-grand-mère, Élisabeth Wittmann, s'est convertie au judaïsme avant de se marier à mon grand-père en 1877 ou 1878, mais elle a gardé une base et une culture chrétiennes. Elle chantait notamment des berceuses protestantes à ses enfants.

Mon arrière-grand-père, Jacob Bock, était un juif peu pratiquant, mais qui a quand même souhaité se marier religieusement. Il avait fait sa *bar-mitsvah* et fut élevé dans un judaïsme réformiste et allégé.

Le couple choisit la religion de l'homme, comme cela se faisait en général à l'époque, et eut 13 enfants :

1 - Léon, né à Münich. Je ne sais pas de quelle religion il se réclamait. Parti aux USA, il a eu trois enfants. Dont Jeannette Bock, épouse Lombard, adorable, venue me rendre visite à Zürich en 1967. Tous vivent sans doute sur la côte est américaine.

2 - Bertha, ma grand-mère, née à Münich en 1880 et morte à Londres en 1973. A eu quatre enfants (*dont les parcours sont relatés dans le présent livre*).

3 - Sophie Schütt, née à Fürth. Très belle. À épousé un chrétien protestant, donc est devenue protestante. Elle est en tous cas enterrée en tant que telle. Pas d'enfant.

4 - Jenny, juive car a épousé un juif, M. Midas. Elle est morte en camp de concentration, je ne sais pas lequel, relativement tard (1943 ou 44). Pas d'enfant.

5 - Julius, playboy, il avait des chevaux de course à Fürth. Absolument pas religieux, marié à une juive très tard à New York. Pas d'enfant.

6 - Karl, né le 10 juin 1887, a épousé une juive. Pas pratiquant. Il est mort le 5 juillet 1943 à New York. Pas d'enfant.

7 - Mili (qui devait s'appeler Emilienne), 1885-1964 à Fürth. C'était celle qui rassemblait, était toujours en contact avec la fratrie. A eu trois enfants et sa fille Élisabeth a continué à tenir ce rôle.

8 - Ida, née le 6 septembre 1888 à Fürth, morte le 2 novembre 1970 à New York. Pas d'enfant.

9 - Élisabeth, dite Betty, née le 9 novembre 1893 et morte le 8 octobre 1953. Chrétienne, et même convertie au catholicisme. Pas d'enfant. Vivait avec une femme. Toutes deux professeures dans une lycée technique, et très religieuses.

10 - Richard, né en 1896 et mort en 1977 à Nürnberg. Il était protestant et marié à une protestante. Pas d'enfant.

11 - Frieda (que nous appelions Friedl), née le 22 février 1899, morte à Nürnberg le 31 décembre 1973. Protestante, mariée puis divorcée de M. Brandl, pilote de chasse, appartenant au parti nazi et ne voulant plus d'une demi-juive. Très belle, elle aimait les hommes et en a attiré jusqu'à la fin de sa vie. Elle vivait avec Ida, sa sœur, dissemblable en tous points !

12 - Ernest, né vers 1901, a épousé une juive. Mort fusillé à Riga en 1941 avec sa femme et son enfant, Erika.

13 - Théodor, né vers 1901, beau garçon, se sentait sans doute juif mais était très peu pratiquant. Mort à New York d'un cancer de la langue : il travaillait dans une usine de fabrication de cadrans de montres et devait lécher le pinceau de radium… Avait une amie, n'a pas eu d'enfant.

Quels étaient leurs métiers ?

Les hommes avaient tous une activité commerciale : commerçants, représentants de commerce, grossistes ou négociants.

Les femmes étaient femmes au foyer, à part Jenny qui était infirmière, Ida qui était assistante de direction et professeure, Betty qui était professeure.

Comment expliquer des parcours religieux si disparates ?

Les choix se sont faits soit par identification au père ou à la mère, soit selon les mariages et alliances. On occultait la partie protestante ou l'inverse. Il s'agit d'un sentiment d'appartenance plus que d'une pratique religieuse pour la plupart. On remarque qu'il y a plus d'hommes juifs que de femmes juives. On remarque aussi un seul cas de divorce, et pour motifs raciaux…

J'ai les photos de la plupart de leurs tombes, qui m'ont guidée dans cette élucidation.

Dans ma lignée, après la mort de mon grand-père Isidore, le juif religieux de la famille, plus personne n'a suivi la religion. Mis à part quelques-uns, qui restèrent des « juifs des trois jours », célébrant seulement les principales fêtes…ou plutôt une seule : Kippour ! Et c'était plutôt pour transmettre une pensée, penser à leurs aïeux.

Ma mère, elle, au Luxembourg, incorporait les fêtes chrétiennes et juives. Par exemple, Noël et Hanoukka étaient liés.

Comment expliquer une si faible descendance ?

Les 13 Bock ont eu très peu d'enfants car ils ont beaucoup souffert d'être si nombreux. Dans leur famille, un enfant naissait tous les deux ou trois ans. Ils en ont beaucoup voulu à leur père, tenu pour responsable de cette progéniture trop nombreuse, m'a-t-on dit !

3. Parallèle historique

Parallèle historique	Événements politiques dans les pays traversés par ma famille	Ma famille
30 janvier 1933	Hitler élu Chancelier.	Je nais le 18 novembre 1932. Toute ma vie ainsi que celle de toute ma famille, jusqu'en 1945 au moins, sera directement affectée par le temps des nazis.
1er avril 1933	Boycott des commerces et des professionnels libéraux juifs.	Le commerce de mon grand-père (négoce de textile) est saccagé, comme beaucoup d'autres un peu plus tard, mais cette journée marque symboliquement l'éviction des juifs de la vie économique en Allemagne. Cela résonnera comme un avertissement.
7 avril 1933	Des lois excluent les juifs de la fonction publique, du barreau, de toutes les professions libérales, de la presse et de la culture.	Les nazis aryanisent les biens juifs en poussant les juifs à « vendre volontairement » leurs biens entre 1933 et 1938.
11 avril	Définition de « non aryen » : quiconque a un	

1933	parent ou grand-parent juif. Ceci sera inclus dans les lois raciales du 15 sept. 1935.	
1934		Mes grands-parents sont forcés de vendre et s'installent à Sarrebrücken.
Avril 1934		Mes parents s'installent au Luxembourg (Remich).
18 janvier 1935	La Sarre réintègre l'Allemagne.	
15 sept. 1935 et 14 nov. 1935	Les lois racistes du Congrès du Parti nazi de Nürnberg sont promulguées. Les juifs allemands perdent leur nationalité.	Nous devenons tous apatrides à partir de ce jour. L'étau se resserre. Les juifs sont confrontés à l'isolement (ostracisés), la violence et la pauvreté.
2 mars 1938		Mon grand-père meurt d'un cancer à Sarrebrücken.
24 avril 1938	Les juifs doivent déclarer leurs biens au-dessus de 5 000 marks.	
17 août 1938	Sur le passeport des juifs allemands le prénom sera précédé de « Israël » pour les hommes et de « Sarah » pour les femmes.	C'est le cas des passeports de mon père et de tante Ida.

5 oct. 1938	Les pièces d'identité porteront la lettre **J** à la demande de la Suisse.	C'est le cas de la carte d'identité de tante Frieda. Les juifs sont conscients du péril, certains émigrent très tôt. D'autres ne veulent pas croire au pire, et beaucoup ne savent où aller.
Été 1938		Ma mère et moi déménageons à Luxembourg ville. Je vais à l'école maternelle.
Juillet et août 1938	Des synagogues sont dynamitées.	37 000 Juifs sur 500 000 quittent l'Allemagne
9 au 10 nov. 1938	La Nuit de Cristal. 267 synagogues détruites. Les juifs sont assassinés ou déportés aux camps de Dachau, Buchenwald ou Sachsenhausen.	Mon grand père Ivan Deichmann est arrêté à Syke et transféré à Buchenwald le 10 novembre.
6 juillet 1938	Conférence d'Evian : un échec. Le monde entier assiste aux persécutions mais n'est pas ému. Les frontières se ferment comme un piège.	
Début 1939		Après la mort de grand-père, grand-mère va rejoindre son fils qui vit et travaille à Paris depuis 1934. Elle met ses biens mobiliers en garde-meubles à Saarbrücken. Elle paye 10 ans d'avance pour apprendre après-guerre que tout a été pillé.

3 sept 1939	Déclaration de guerre à l'Allemagne par la Grande-Bretagne et la France : c'est le début de la 2nde guerre mondiale.	Je commence l'école primaire au Luxembourg.
18 mars 1940		Ma mère reçoit un « ausweis » (avis de sortie) du gouvernement indiquant qu'il faut quitter le pays d'ici 2 mois.
10 mai 1940	Les troupes allemandes envahissent le Luxembourg.	
20 mai 1940	Ouverture du camp d'Auschwitz en Pologne.	
10 juin 1940	Les troupes allemandes envahissent la France.	
22 juin 1940	Armistice en France. Le pays sera coupé en deux. Le nord occupé par les nazis et le sud dirigé par le gouvernement de Pétain à Vichy.	
Fin août 1940		Ma mère et moi entrons clandestinement en France, cachées dans un camion.
12 sept. 1940	Tous les juifs sont officiellement expulsés du Luxembourg. Entre septembre 40 et fin 42, le gouvernement de Vichy démontre aux autorités allemandes qu'il adhère à sa politique antijuive, et excelle de zèle en dépassant le quota de juifs raflés.	

15 sept. 1940		Nous déménageons au 12 rue Caffarelli à Paris et je commence l'école rue Béranger.
27 sept 1940	1ère ordonnance allemande dans la zone occupée. Tous les juifs doivent se présenter avant le 20 octobre et se faire inscrire sur un « registre spécial » : le fichier juif familial.	
6 oct. 1940	L'inscription se fait par ordre alphabétique - la lettre D passe ce jour.	Ma mère va s'inscrire à la mairie comme cheffe de famille. Mon nom figure sur cette fiche.
29 mars 1941	Le gouvernement de Vichy crée un « Commissariat aux questions juives ».	
Oct. 1941	Création d'une « Police aux questions juives » chargée d'arrêter les juifs.	
11 déc. 1941	Les États-Unis entrent en guerre contre l'Allemagne et le Japon.	
20 janvier 1942	Conférence de Wannsee à Berlin pendant laquelle est concrétisée l'extermination des juifs d'Europe, appelée la « Solution finale ».	Nous sommes traquées et appauvries.
7 février 1942	6ème ordonnance interdisant aux juifs de sortir de leur domicile entre 20 heures et 6 heures du matin.	Par étourderie, j'outrepasse cette limite une fois.

7 juin 1942	8ème ordonnance obligeant tous les juifs de plus de 6 ans à porter l'étoile jaune sur laquelle est inscrit « Juif ».	Je ne sors jamais sans « mon étoile ».
8 juillet 1942	9ème ordonnance. Interdiction aux juifs de fréquenter les salles de spectacle, d'entrer dans un établissement public, un square, une bibliothèque, etc. Ils ne peuvent faire leurs achats qu'entre 15 et 16 heures.	Nous nous terrons à la maison et ne sortons que pour faire quelques courses.
16 juillet 1942	1er jour de la « rafle du Vel d'hiv ».	Ma mère est arrêtée et internée au camp de Drancy.
17 juillet 1942	Deuxième jour de rafle.	Grand-mère et moi partons nous cacher séparément.
29 juillet 1942	Départ de Drancy du convoi n°12 vers le camp de la mort.	Voyage de ma mère en wagon à bestiaux pendant 60 heures.
31 juillet 1942	Arrivée à Auschwitz.	Ma mère est directement dirigée vers la chambre à gaz et assassinée au gaz zyklon B.
6 juin 1944	Débarquement des troupes alliées en Normandie.	Je suis réfugiée en Normandie. Nous quittons St-Hilaire-du-Harcouët le 5 juin.
14 juin 1944	Bombardement et destruction de St-Hilaire-du-Harcouët.	

Juillet 44	Libération de St-Hilaire-du-Harcouët.	Nous retournons à St-Hilaire-du-Harcouët.
Déc. 1944	La Libération de Paris a eu lieu en août 44.	Je retourne à Paris. Retrouvailles avec grand-mère et oncle Paul.
8 mai 1945	Les nazis capitulent. Fin du « troisième reich », fin de la guerre en Europe.	

4. La quête d'une certitude

« Déportée », « disparue », « pas sur la liste des libérés », « pas revenue », « présumée disparue »… Face aux termes évasifs des courriers, je me suis mise en quête d'un certificat de décès de ma mère.

- Depuis juin 1990, je fais la demande au Secrétariat d'État des anciens combattants et victimes de guerre de recevoir un certificat de décès. Avec la mention « morte en déportation ». J'envoie copie des fiches de la préfecture montrant qu'elle a été internée à Drancy et envoyée à Auschwitz. Dans leur réponse, pour établir un tel certificat, ils me demandent un certificat de décès. Mais je ne peux fournir ce document que je ne possède pas.

- J'en fais à nouveau la demande en juillet 1997 à la préfecture de Rhône-Alpes. Je reçois en octobre 1997 une fiche du Secrétariat d'État des anciens combattants mentionnant que ma mère est « décédée à Auschwitz ».

- Je les sollicite à nouveau en 1998. En 2001, l'administration des anciens combattants me répond que j'aurais dû fournir un certificat de décès (que je n'ai jamais eu !) et que la demande doit se faire à partir du lieu de résidence de la personne disparue.

- En 2001 toujours, j'écris au ministère de la Défense pour lui demander un certificat de décès. On me répond par une « Attestation de disparition et de présomption de décès ».

- J'ai également écrit en Pologne, en Allemagne…et ai reçu des réponses négatives au bout de trois ans. On me disait que toutes les traces avaient disparu.

Chaque institution me renvoie à une autre. Quand le dossier semble avancer, on me demande un certificat que je n'ai pas : le serpent se mord la queue !

Ma mère s'est-elle évaporée ? Aucun document n'indique qu'elle est morte dans une chambre à gaz. Seule une employée du Centre de Documentation Juive m'a dit un jour : « En général, quand une personne n'a pas été immatriculée, c'est qu'elle a été gazée dès l'arrivée ». Je souhaite simplement avoir un acte de décès indiquant qu'elle est morte en déportation.

Bibliographie

Journal, Hélène Berr, Tallandier, 2008.

Juden in Homburg, Dieter Blinn, Ermer, 1993.

Chère Mademoiselle, Patrick Cabanel, Calmann-Lévy, 2010.

Ô Vous, frères humains, Albert Cohen, Gallimard, 1972.

Traqués, Cachés, Vivants, Collectif, L'Harmattan, 2004.

L'Occupation allemande en France, Jean Defrasne, P.U.F., 1985

A Genius of war, Carlo D'Este, Harper Collins, 1995.

Aucun de Nous ne reviendra, Charlotte Delbo, Minuit, 1995.

L'Allemagne nazie et les juifs I, Saul Friedländer, Seuil, 1997.

La Destruction des juifs d'Europe I, Raul Hilberg, Gallimard, 1985.

Le Fichier, Annette Kahn, Robert Laffont, 199.3

Les Juifs pendant l'occupation, André Kaspi, Seuil, 1991 et 1997.

Le Calendrier, Serge Klarsfeld, Fils et filles de déportés juifs de France - F.F.D.J.F., 1993.

Vichy-Auschwitz I, Serge Klarsfeld, Fayard, 1983.

L'Etoile des juifs, Serge Klarsfeld, l'Archipel, 1992.

Si C'est un homme, Primo Levi, Julliard, 1987.

Rapport sur Auschwitz, Primo Levi, Kimé, 2005.

La Grande rafle du Vel d'Hiv, Claude Lévy et Paul Tillard, Robert Laffont, 1992.

La Rafle du Vel d'hiv, Maurice Rajsfus, P.U.F., 2002.

Les Juifs sous l'Occupation, Recueil des textes officiels français et allemands 1940-1944, Fils et filles de déportés juifs de France - F.F.D.J.F., 1982.

Le Fichier juif, René Rémond, Plon, 1996.

Les Normands sous l'occupation, Thibault Richard, Charles Corlet, 1998.

Retour sur la question juive, Élisabeth Roudinesco, Albin Michel, 2009.

« Assassinat d'une modiste », un film documentaire de Catherine Bernstein. Coproduction : ARTE France, IO Production (2005).

Table des matières

L'HARMATTAN, ITALIA
Via Degli Artisti 15; 10124 Torino

L'HARMATTAN HONGRIE
Könyvesbolt ; Kossuth L. u. 14-16
1053 Budapest

ESPACE L'HARMATTAN KINSHASA
Faculté des Sciences sociales,
politiques et administratives
BP243, KIN XI
Université de Kinshasa

L'HARMATTAN CONGO
67, av. E. P. Lumumba
Bât. – Congo Pharmacie (Bib. Nat.)
BP2874 Brazzaville
harmattan.congo@yahoo.fr

L'HARMATTAN GUINÉE
Almamya Rue KA 028, en face du restaurant Le Cèdre
OKB agency BP 3470 Conakry
(00224) 60 20 85 08
harmattanguinee@yahoo.fr

L'HARMATTAN CAMEROUN
BP 11486
Face à la SNI, immeuble Don Bosco
Yaoundé
(00237) 99 76 61 66
harmattancam@yahoo.fr

L'HARMATTAN CÔTE D'IVOIRE
Résidence Karl / cité des arts
Abidjan-Cocody 03 BP 1588 Abidjan 03
(00225) 05 77 87 31
etien_nda@yahoo.fr

L'HARMATTAN MAURITANIE
Espace El Kettab du livre francophone
N° 472 avenue du Palais des Congrès
BP 316 Nouakchott
(00222) 63 25 980

L'HARMATTAN SÉNÉGAL
« Villa Rose », rue de Diourbel X G, Point E
BP 45034 Dakar FANN
(00221) 33 825 98 58 / 77 242 25 08
senharmattan@gmail.com

L'HARMATTAN TOGO
1771, Bd du 13 janvier
BP 414 Lomé
Tél : 00 228 2201792
gerry@taama.net

537125 - Juillet 2013
Achevé d'imprimer par